珍藏本
纪念版

汉译世界学术名著丛书

货币万能

〔英〕雅各布·范德林特 著

王兆基 译

2017年·北京

Jacob Vanderlint
MONEY ANSWERS ALL THINGS
The Johns Hopkins Press 1914
根据约翰斯·霍普金斯出版社 1914 年版译出

汉译世界学术名著丛书
（120 年纪念版 · 珍藏本）
出 版 说 明

2017 年 2 月 11 日，商务印书馆迎来 120 岁的生日。120 年前，商务印书馆前贤怀揣文化救国的理想，抱持“昌明教育，开启民智”的使命，立足本土，放眼寰宇，以出版为津梁，沟通中西，为中国、为世界提供最富智慧的思想文化成果。无论世事白云苍狗，潮流左右激荡，甚至战火硝烟弥漫，始终践行学术报国之志，无改初心。

逡译世界各国学术名著，即其一端。早在 20 世纪初年便出版《原富》《天演论》等影响至今的代表性著作，1950 年代后更致力于外国哲学和社会科学经典的译介，及至 1980 年代，辑为“汉译世界学术名著丛书”，汇涓为流，蔚为大观。丛书自 1981 年开始出版，历时三十余年，迄今已推出七百种，是我国现代出版史上规模最大、最为重要的学术翻译工程。

丛书所选之书，立场观点不囿于一派，学科领域不限于一门，皆为文明开启以来，各时代、各国家、各民族的思想与文化精粹，代表着人类已经到达过的精神境界。丛书系统译介世界学术经典，引领时代思想，为本土原创学术的发展提供丰富的文化滋养，为推动中国现代学术和现代化进程做出了突出的贡献。

为纪念商务印书馆成立120周年，我们整体推出“汉译世界学术名著丛书”120年纪念版的珍藏本，寄望既利于文化积累，又便于研读查考，同时向长期支持丛书出版的译者、编者和读者致以敬意。

两甲子后的今天，商务印书馆又站在了一个新的历史时间节点上。我们不仅要铭记先辈的身影和足迹，更须让我们的步伐充满新的时代精神。这是商务人代代相传的事业，更是与国家和民族的命运始终紧密相连的事业。我们责无旁贷，必须做好我们这代人的传承与创造，让我们的努力和成果不仅凝聚成民族文化的记忆，还能成为后来人可以接续的事业。唯此，才能不负前贤，无愧来者。

商务印书馆编辑部

2017年10月

译者前言

本书作者雅各布·范德林特(Jacob,Vanderlint? — 1740 年)是 17 世纪移居英国的荷兰—佛兰芒斯人的后裔,生前曾经过商。除此之外,其生平事迹鲜为人知,连出生年月都至今不详。18 世纪初,辉格党领袖罗伯特,沃尔波尔(Robert,Walpole)出任首相后,颁布了货物税纲领,英国人民群起而攻之,各界人士纷纷发表论著,就间接税和直接税问题展开了激烈的争论。于 1734 年出版的《货币万能》一书,便是其中的一部很重要的经济学著作。范德林特是"间接税的最猛烈的反对者,土地课税的最坚决的拥护者"①,在封建地主和资产阶级的冲突中,在资产阶级和无产阶级的斗争中,他始终站在后者的一边。《货币万能》一书为工人作了"最出色的"辩护②,这就是马克思对该书的高度评价。

但是,《货币万能》并不囿于税制争辩的狭小天地。作为从重商主义向古典政治经济学过渡时期的一个代表人物,范德林特依然把贸易,特别是海外贸易看作是和一国的富强息息相关的、人类幸福的主要基础。英国当时在国际贸易中的萧条景象,苦苦地折

① 《马克思恩格斯选集》第 3 卷,人民出版社 1972 年版,第 282 页。

② 马克思:《资本论》第 1 卷上,人民出版社 1975 年版,第 304 页。

磨着他。如何使耕地和人口,以及货币和人口的增长比例保持一致,以便改善英国海外贸易江河日下、金银贵金属大量流失的困境,是《货币万能》特别注重研究,并试图解决的中心课题。

贸易不景气的症结,据范德林特看来,在于商品价格偏高。但是,“商品价格取决于劳动价格,也就是取决于工资”[①],工资则总是由必要生活资料的价格决定的,而土地又是万物之源。因此,只有随着人口的增长不断地扩大耕地面积,并且逐步缩减地租,才能雇佣大量的人员,才能增加生活必需品的供给,供给超过需求,价格就必然降低,从而促使劳动价格和一般商品的价格也相继下跌。这是挽救英国对外贸易颓势的根本出路。然而,和当时不顾工人的生活境遇、一味追求廉价劳动的重商主义者不同,范德林特已经区分了以货币表示的劳动工资,即名义工资和以实物表示的劳动价值,即实际工资两个不同的范畴。降低劳动工资,同时又提高工人的生活水平,才是范德林特所憧憬的境界。如果生活必需品价格下跌的幅度超过工资的下跌幅度,两者之间的反方向运动在理论上是完全成立的,绝非如里斯(Rees,J. F.)所说的是一个自相矛盾的命题[②]。

《货币万能》从特别强调经济活动的真实面的实物分析出发,推导出了土地是财富和税收的最终根源等一系列结论,不仅成为英、法一些重农主义经济学家的理论渊源,而且还开了英国社会主义思潮的先河。但是,另一方面,也正是土地是万物之源这一论

① 《马克思恩格斯选集》第 3 卷,第 278 页。

② J. F. 里斯:《雅各布·范德林特》,该文载于麦克米伦出版社 1930 年至 1935 年出版的《社会科学百科全书》第 15 卷,引文见第 229 页。

断，孳生出了范德林特心中的忧天之虑。与以后的斯宾斯(Spence，William)和马尔萨斯相似，他也深怕人口的增长有朝一日会超过国内领土所能容纳的地步。在此情形下，他认为一个国家应该向外移民，甚至可以燃起战火去劫掠他人的国土。

正因为按人口的增长比例不断地扩大耕地面积，是繁荣贸易的唯一出路，所以范德林特"勇敢和彻底"[①]地倡导经济自由的学说，一方面谴责在国内对各行业施加的任何约束，另一方面又抨击贸易禁运、关税壁垒，以及借助战争手段去攫取海外市场等种种早期重商主义的内外政策。在他看来，不仅应该允许商品自由地输出输入，而且应该允许金银和铸币顺畅地流进流出。因为贵金属和货币是等价的，货币(其中包括信用货币)只不过是单纯的价值符号，和物价之间存在着严格成比例的数量关系(用他自己的术语来表达，价格是由货币和人口之间的数量比例决定的)，所以，一个国家的物价上涨，对外贸易便会出现逆差，货币或者金银自然要外流，随着货币和金银的减少，一系列相反的运动就会相继出现。由于存在着自发的调节机制，贵金属的多寡，对于任何一个国家来说显然都是无足轻重的。这就是《货币万能》一书所提出的严格成比例的货币数量论，金银在各国间流动的理论，贸易差额平衡的学说，贸易差额为什么不能始终有损或有利于一个国家，以及贸易差额的平衡是按各个国家的不同的经济状况自然决定的等论述。然而，与此同时，范德林特又认为，货币是贸易的媒介，货币充足，贸易才能兴旺，也必然兴旺。对于一个没有金银矿山的国家来说，国

① 《马克思恩格斯选集》第3卷，第278页。

际贸易是获得贵金属的唯一途径，因此，应该在对外贸易的整体上，始终保持顺差的态势，以便使货币按人口增长的幅度不断地增加。一睹范德林特为自己著作所起的名字，在他的心目中货币神通之广大，也就可想而知了。

货币数量论已有二百多年历史，历经各个时代的经济学家的修改和加工。早期代表人物范德林特所提出的货币数量论尚称不上是真正的关于货币价值的数量论，还滞留在关于贸易和就业量的货币理论的水平上，多少带有重商主义的色彩，即便从货币数量论本身的发展角度来分析，也不完善。有时候，他害怕贵金属的泛滥会抬高物价，导致国际贸易形势的恶化；有时候，他又担心贸易逆差引起的货币匮乏，会阻碍贸易的顺利进行。虽然范德林特对调节机制提出了一些精辟的见解，但是，在他看来，一个国家只要有足够的土地可以开垦，似乎就可以长期地维持贸易顺差这种不均衡的局面，同时，他又没有意识到贵金属会根据各国所拥有的真实财富的多寡，按比例地分配于互通贸易的各个国家，因此，也就无法建立起完整的国际货币均衡的理论。难怪斯凯恩（Sekine，Thomas T.）把他和康替龙（Cantillon，Richard）都称为“半均衡理论家”①。平心而论，范德林特虽然对休谟等继起的经济学家产生过显而易见的影响，但是，毕竟还有待于后起者继承和发展他的理论遗产。

此外，范德林特还揭示了资本主义生产以利润为唯一目的的

① 托马斯·T. 斯凯恩：《国际货币均衡论的建立——范德林特、康替龙、格瓦兹和休谟》，该文载于马基欧出版社1973年出版的《国际经济》第26卷第2期。引文见第265页。

真理，研究了利息和利润之间的关系，并且试图探讨利润率下降的原因。综上所述，尽管在货币、贸易等问题上还存在着不少重商主义的偏见，但是，范德林特的《货币万能》一书，对身后英、法古典政治经济学的若干代表人物都曾经起过积极的启迪作用，正如马克思所指出的，他的著作不失为一部“很重要的著作”[①]。

本书初版于 1734 年。英国约翰斯·霍普金斯出版社 1914 年重印。

① 马克思:《资本论》第 1 卷上，第 143 页。

目　　录

导　　言*

雅各布·范德林特仅仅以一部著作而跻身于经济学文献领域。人们不仅关于《货币万能》的写作背景不甚了了，而且连作者本人的生平事迹也一无所知。这部著作极其稀罕，说明当时的印数寥寥无几；在经济学文献中也难得有人问津，可见对当时的思想也不曾产生过什么大的影响。1810 年，杜格尔德·斯图尔特在研究劳德戴尔伯爵编辑的"英国政治经济学稀有论著的新奇而珍贵的选集"时，曾经说过，"近年来时常有人提到"范德林特的名字。但是，他又补充道，这篇论文"直到《国富论》问世以后很长一段时间内，似乎始终没有引起人们的多大注意"。①

范德林特，从这个名字就可以看出，是荷兰—佛兰芒血统的人。这个种族在 17 世纪移居英国，对英国经济的发展产生过显著的影响。作者把自己的著作奉献给"大不列颠的诸位商人"，并且希望"凭着一个普通商人理应具备的言辞畅达、叙述清晰的本领"，能使世人理解自己的思想。这些都说明，作者本人实际上也涉足于商贾生涯。他承认自己的著作谈不上"学者式的准确精到和简

* 本书系由约翰斯·霍普金斯大学政治经济学教授雅各布·H. 霍兰德博士所编《经济学论著再版丛书》中之一种，此导言为霍兰德所写。——译者

① 《杜格尔德·斯图尔特选集》(汉密尔顿编)，第 10 卷，第 2 页和第 88—89 页。

洁明了”，但是，当时的种种著述，他似乎倒很熟悉。即使未曾经过专门的训练，其文笔却仍不失清新、刚健。

在沃尔波尔的货物税纲领的直接或者间接的启迪下，大批经济学著作纷纷出版，本书便是其中最重要的著作之一。许多作家，包括最早的劳德戴尔[①]，称赞范德林特是土地、单一税纲领的创始人——或者让他一人独占桂冠，或者由他和洛克两人分享荣誉，无论如何，在其他方面，范德林特确实从洛克那里得益匪浅，他的书名就是一个例证[②]。麦克库洛赫与杜格尔德·斯图尔特所见略同，也认为，范德林特在倡导自由贸易方面，其“判断的准确和心胸的博大”，是足以和休谟“相媲美的”[③]。后来的里斯·戴维兹夫人更称范德林特“开了英国科学社会主义的先河”。[④] 上述种种评价之恰当与否，姑且不论，但是，在精心研究18世纪经济思想时，不管是法国的还是英国的，范德林特的成就都是不能忽略的。

此次再版，保留了原版书各页的全部内容，并标明了原来的页码。*

1913年11月，于巴尔的摩

① 《国民财富的性质和原因的研究》(1804年)，第113页注释。

② 《关于提高货币价值的再探讨》(1695年)，第2页。

③ 《政治经济学文献》(1845年)，第162页。

④ 《政治经济学辞典》(帕尔格拉夫编)，第3卷，第610页。

* 中译本未保留这些页码。——译者

货币万能

或

试论为各阶层民众提供充足的货币，

及

发展国际贸易和国内贸易；

让居民住进空房子，

鼓励结婚，

削减小商小贩的人数，

在贸易中大力限制发放长期信贷，防止出现倒账，

论证为贸易而大动干戈的荒谬；

提出阻止羊毛秘密出口的切实可行的对策：

及

削减国债，减轻赋税。

雅各布·范德林特著

致大不列颠商人

诸位先生：

卑人认为，本书清晰明白地阐述了世界贸易的基础，因此，特别适合于我国的贸易状况，从而指出了扩大我国贸易、使其臻于完善的途径。倘若果真如此，我想我就完全有理由指望，本书必然会受到你们的青睐，即使获得你们的鼎力襄助，也并非有愧。

但是，诸位先生，这远不是我诚惶诚恐地将本书奉献给你们的唯一动机：不；我耿耿于怀的是维护贸易的利益和促进贸易的发展（它们是人类幸福康乐的重要基础）。因此，我呈上本书，真心诚意地恳请你们斧正（我深知本书的纰漏、缺陷是无法逃脱你们的犀利的目光的）：以便使用像指导你们私人事务的一些法则那样稳健、清晰的几条原理，来构筑贸易的宏伟地基。然后，解释各国贸易的波动和变化，便不会比你们使用准确无误、卓越无比的记账方法来表示各自经营活动的全部兴衰更费周折了。我完全相信，使用我所提出的经过你们凭借自己在贸易中练就的敏锐的判断和娴熟的技巧作出了改进、润色的几条原理，分析各国贸易就会像阐述你们自己经营的业务那样简单，那样明了。我出于最崇高的敬意，

诸位先生，

你们的最谦恭的仆人

雅各布·范德林特

前　　言

要发展我们的国际贸易和国内贸易，降低现行的劳动价格，在我看来是绝对必不可少的。因此，我殚精竭虑，论证了究竟应该如何降低劳动的价格，以造福于我们整个社会，从至高无上的贵族到卑微低贱的平民；我也论证了按照本书提出的唯一切实可行的办法，来降低劳动的价格，就能使我在书名页上列举的诸多目标一一得以实现；我还论证了这种办法还能使平民百姓都成为拥有财产的主人，舍此而取别的途径，他们就将永远不名一文。

这个至关重要的使命，我并非完全胜任，对此，我颇感遗憾。但是，我相信，尽管缺乏学者式的准确精到和简洁明了，然而，凭着一个普通商人理应具备的言辞畅达、叙述清晰的本领，凡我要阐述的我都已说得清清楚楚了。

为此我已尽力而为了，所以，本书若还有纰漏或累赘之处，希望坦率诚挚的读者诸君，鉴于本书的主题和我借以论证自己的观点的论据的重大意义，多加谅解。我请求宽容，因为我不仅不能因循守旧，而且也许是在另辟蹊径。而作为我的理论的出发点的贸易原理，是按事物的本质和世界自身的规范建立起来的，所以，我相信它们是经得起严格的验证的。倘若有哪一位胜任的读者前来加以验证，我将不胜欣喜。

试论为各阶层民众提供充足的货币，等

贸易的普遍萧条已经持续了一段时间，现在不仅没有好转，反而日趋恶化，不由得使我开始思索其起因的问题。在我看来，几年前食品价格的骤然而惊人的上涨，一目了然地指出和揭示了问题的答案。根据我的观察，那次涨价不完全是由于季节的关系，虽然季节总是会影响生活必需品的价格的。其实，主要的原因倒是在于耕种的土地实在太少了，无法提供充裕的物品。由于任何物品的涨价，都意味着某种程度的匮乏，由此便可以看出，现在从事耕种土地及与此有关的工作的人手太少，因而，其他各行各业、各种制造业和专门职业雇佣的人员便太多了。于是，这些部门冗员充斥，举步维艰，必然要出现萧条。就它们的唯一宏伟目标——利润而言，此种情形是不可避免的。另一方面，农业却亟需雇佣那些多余的人手，以便增加产量，控制生活必需品的价格，不让它们像几年前那样上涨。

从以上一般性的观察中，我早已悟出了许多想法，但愿我的想法不无裨益；因此，我努力将其中的一部分付诸笔端，以便清楚地说明弊病究竟何在，以及怎样根治弊病。我想我在下文中已经对这两个问题作了详尽的阐述。

我觉得，只有在研究了人们所拥有的货币的用途、必要性及其增减消长后，贸易这一重大的课题才能得到最圆满的解释。因此，我将首先拟定几条关于货币的原理，并一一加以说明，我想把它们看作准则是完全理所当然的。

一、由于世界各国的一致同意，货币（即金子和银子）成了调节所有其他一切物品的价值，结算人们中全部账目的计算工具，以及人们获得相互交换各种商品的手段，因此，是贸易的独一无二的媒介。

二、要将货币（我们总是把它理解为金子和银子）输入到一个没有金银矿的国家，唯一的途径便是使其出口的商品的价值超过进口的商品的价值。因为由于出口商品的价值超过进口商品的价值，用以结算账目的货币便会或快或慢地按比例增加；相反，在进口商品的价值超过出口商品的价值的国家，现金则必然会按比例减少。这一增一减就构成了人们所谓的所有不出产金银的国家的贸易总差额。

三、金银矿的所在地，拥有的货币最多：我这话的含义等于说纽卡斯尔*的煤在数量上超过任何其他只从纽卡斯尔得到煤的供给的地方。因此，我的意思就是，金银在产地的价值必然低于从产地得到金银的任何其他地方，正如纽卡斯尔的煤的价值，现在和将来都要低于任何仅仅从纽卡斯尔获得煤的其他地方。由此可以推出以下结论：

四、各国流通中的现金数量按居住的人口计算有多有少，从

* 英国著名的产煤地。——译者

而其农产品或制造品的价格也就或高或低。

为了说明这一点，暂且假设我们英国有 1 000 万现金和 1 000 万人口，倘若人口翻一番，而现金数量保持不变，相比之下，我们拥有的货币按人口计算显然减少了 50%。因此，我们为一般物品所能支付的价钱，只是人口缩减到 1 000 万，而各自拥有的流通中的货币数量不变时的一半。可见，如果人口增加，现金若不以同样的比例增加，物价必定下降；因为人人都离不开生活必需品，而要购买生活必需品，手头就得拥有货币。这就会把同样数量的现金分成更多的，亦即更小的份数，所以，人们为各自的生活必需品所能支付的价钱，显然比同样数量的现金分成较少、较大的份数时要低得多。

几世纪前，我们王国的所有物品的价格都要比现在低得多。国王亨利八世朝代，曾经颁布法令，规定肉铺必须论重量卖肉。牛肉每磅半便士，羊肉每磅 3 法新*。再回顾一下国王爱德华三世朝代，小麦只卖到每夸特** 2 先令，肥牛每头 1 诺布尔金币***，肥羊每只 6 便士，鸽子 6 只 1 便士，肥鹅每只 2 便士，猪每头 1 便士，其他物品可按比例推算。参见贝克撰写的《编年史》[①]。

现在，各种物品的卖价和那时相比，真不啻有天壤之别。追究其根源，毫无疑问，仅仅在于我们王国在这期间通过贸易往来吸收

* 1961 年以前的英国铜币，相当于 1/4 旧便士。——译者

** 英国的容量单位，相当于 8 蒲式耳。——译者

*** 英国古时的金币，相当于旧币 6 先令 8 便士。——译者

① 贝克，杰奥佛雷—勒（卒于 1358—1360 年）。见 E. M. 汤普逊编的《贝克·戴·索恩布鲁克的 Chronicon Galfridi（1303—1356）》，1889 年牛津版。另有一个版本是由 J. A. 贾尔斯编的，1847 年由伦敦卡克斯顿协会出版。

了大量的金银，使我们掌握的货币急剧增加，不得不为各种物品支付我们目前必须支付，而且也确实在支付的十分昂贵的价钱。由此可见，一国人民中的金银增加，物价必然腾贵；因而，在金银减少的国家，所有的物价必然会按货币减少的比例下降。否则，人民就会遭殃，除非人口的数量按现金减少的比例减少。

五、即使流通中的现金券超过了银行家自己所真正拥有的现金，只要他支付时使用的是别人的货币，银行业便会立刻奏效，马上成功。我认为，这种信用只要维持着，它起的作用相当于仿佛真的又有许多现金进入流通，并分摊给大家。但是，伴随的结果是随着物价的上涨，我们王国将不可避免地沦为物价比我们低廉的各个国家倾销其商品的市场。我们自然可以征税，甚至干脆禁止进口，但是，却不能消除祸根，因为如果我们的商品昂贵，我们便无法向物价比我们低廉的国家输出商品；而我们的许多制造业，它们因此也能兴办起来，并凭借其物价的低廉，在其他一切国际市场上和我们展开贸易角逐，使我国的贸易出现逆差，从而减少我国的现金。各种政府债券所起的作用和我们中间的货币完全一样，因此，上述结论也必然适用于它们。

六、任何一件物品的多寡，是其价格高低的唯一原因。换句话说，不管什么物品，和其本身的数量相比，需求量大就贵，需求量小就贱。无论何种手段或何种立法都不能改变这种状况，正像任何手段或任何立法都不能改变事物的本性一样。

七、世界上的一切物品，归根到底，都是土地的产物；只有从土地中，我们才能获得各种各样的物品。因此，改良、耕种的土地越多，各种物品就越丰富，需要雇佣的人手也越多。因此，随着农产品产量的提高，一切物品的消费也会扩大；而各种物品的数量越多，其价格就越便宜。

相对需求量而言，各种物品一旦增加，其价格就会降低，购买这些物品所需花费的货币便按同样的比例减少，于是，货币就显得多起来了。如果改良、耕种足够的土地，随着物品的急剧增加，食物和饮料的价格将跌到只有现在的一半的水平，这样，劳动者的劳动价格就会大大降低，因为劳动工资率总是由食物和饮料的价格构成和决定的；同时，一切制造品的价格也会大大降低，因为所有制造品的价值主要是由花费在它们上面的劳动的价格即费用所构成的。由此可见，能够通过以下途径来增加货币：

（一）按上述方法大幅度降低生活必需品的价格，以便有效地大幅度地降低现行的劳动工资率，并进而大幅度地降低其他一切物品的价格，于是，在人们中流通的同样数量的货币就会比现在经用得多。

（二）这就促使我们能以大大降低了的价格生产和出口各种制造品，因而我们不仅必然会向目前已经在购买我国产品的国家输出更多的货物，而且还将扩大我国的廉价物品的销售范围，使那些现在也许尚未和我国的任何产品发生关系的国家，也成为我们的主顾。由于我国的出口商品的价值超过进口的商品，我们的现金必然会增加，也就是说，我国的贸易将出现顺差，因此，货币就会丰富起来。

八、货币一多，必然会使贸易昌盛，因为凡是货币丰富的地方，一般的人民就能够，而且一定会增加各种物品的消费量，货币越多，消费量越大。因此，只要人民拥有的货币日益增多，总可以看到贸易便会随之兴隆起来(即贸易量不断增加)。1720 年的情形充分证明了这一法则。与此同时，国家岁入也必然会增加，因为税收总是从人们消费和使用的物品上征得的。

九、凡是贸易发达的国家(即贸易出现巨额顺差的国家)，人民总是丁口兴旺，生活总是普遍美满，于是，国势日盛，令人望而却步。这一点毫无例外地一再为事实所证明，差不多已经成了不言自明的常理了。

十、按政府管辖的领土的供养能力，一个国家过着优越生活的国民越多，该国政府的实力越强盛，声望越显赫，权益越有保障。根据国民的幸福(即财富)的多少以及人口的众寡，各国政府就有强弱之差，荣辱之别，贫富之分。

十一、一个王国或者一个国家的人口可能会超过它所拥有的国土的供养能力，于是，百姓有倒悬之苦，政府则孱弱不堪，穷人比比皆是，相互掣肘，一起陷于贫困而不能自拔，最后，许多人只得离乡背井，到能够获得土地以养活自己的国家去落脚谋生。任何一个国家，凡是耕种的土地无法源源不断地提供各种物品的，境遇莫不如此，因为唯有万物充裕，人民才能幸福。

十二、必须继续开垦、耕种大量的荒地，以便源源不断地生产出各种各样的物品，从而促使价格猛跌，劳动工资率也相应下降，直到一般人民中间的货币因此而变得充裕起来。不先达到这一目标，我们就将一事无成，既不能扩张对外贸易，又不能振兴国内贸易:因为唯有土地的耕种，才能自然而然地促使贸易发展。世上万物没有不始出于大地的，所以，土地的物产或丰或寡，各种物品的消费量就有大有小，人民相互之间的交易也就有时繁多，有时萧条。而贸易是国家岁入的一大源泉，贸易是否得到充分的发展，岁入总量的多少，以及同样一笔钱的经用与否，便大相径庭。

十三、地租提高到超过了人民凭贸易中流通的货币量所能缴纳的限度，一国的现金将必然会按比例地日益减少，而变得稀缺。若耕种的土地不够，无法压低地租，以铲除祸根，使人民得以生存，事情便会闹到不可收拾的地步，以致国内的货币所剩寥寥无几。因为地租一提高，其他一切物品也必然会跟着涨价，于是，别国就能够占有我们的国内市场，反过来，我们的大多数商品价格昂贵，他们买不起，相比之下，我们在国际市场上出售的物品将大大减少。我国的对外贸易便出现逆差，只要尚有一分一文，我们的货币就会源源不断地被别国汲取。

十四、我国的地租一直在不断提高，其唯一的根源在于对农场的需求超过了可以获得的数量。同时，也只有地租的提高才会促使一切物品的价格上涨。对农场需求的增加表明，人民自然应该随着人口的增长，继续开垦更多的土地。但是，需求超过了限度，成了极大的障碍，人民无法按照人口的增加进一步开垦荒地，多余的或新增加的人口便不得不转而去从事其他的各行各业，和各种制造业及专门职业。最后，所有这些行业都陷入人浮于事、举步维艰的窘境，使从业人员无法赖以为生。而生活必需品的价格和地租却急剧上升，远远超过了往日的水准。这种局面必须扭转，否则，生灵涂炭，势在必行，即使诸位绅士先生也难逃其厄运。因为货币一旦稀缺（目前人民中的情形正是如此），农场主用土地上的收成所换来的货币，就不足以既养家糊口，又偿付除地租外的全部费用。因此之故，许多绅士先生不得不收回农场，自己来经营。

但是，他们已经发现，即使自己也成为技艺娴熟、刻苦耐劳的农场主，并以此作为谋生的手段，他们的生活也不会得到什么改善，除非货币一如既往，重又变得充裕，不仅足以支付一切费用，而且还有剩余可以用来缴纳地租。要造成这种局面，唯有大幅度地降低地租，使货币在商人中充分流动，即变得丰富起来，否则是绝对办不到的。

十五、即使全国所有的绅士先生根据人民的要求，一致行动，削减地租，也无济于事。原因首先在于如果人口不减少，对现有耕地所能提供的农产品的需求现在已经过大了，今后也将继续过大，于是，物价必然会抬高，以至于超过人们凭借流通中的货币所能支付的程度。原因还在于，在雇佣更多的人从事农业，以便减少穷人的数目，提高农业的产量之前，各行各业、各制造业及专门职业必然人浮于事，一如既往，结果大家都挣不到一分一厘的利润，而利润正是贸易的唯一目的。因此，降低地租的唯一途径只能是开垦大片的荒地，以便兴办众多的农场。只有这样，地租才会下降，支付起来也不困难。同时，人们不仅可以从事稼穑，而且可以在其他各行各业中就业。一旦开垦了足以建立众多的农场、减轻地租的大量荒地，这种情形便必然会出现。

但是，我知道上述建议一定会遭到拥有地产的各位绅士先生的反对，要说服他们简直难上加难，因为在他们看来，各种物品一旦数量剧增，农产品的价格势必暴跌，地租也就会大幅度地减少。这种偏见根深蒂固，要彻底消除，恐怕困难重重，为此我感到非常担忧。但是，我将全力向各位绅士先生证明，通过上述方法降低地产的价值，并不会带来真正的损失，从而打消他们的偏见。

以上所述已经提供了一个充分有力的论据，即：人民如果缺乏货币，就不可避免地会使农场主缴不起地租。近年来，农场主出售谷物所得到的货币不足以支付除地租而外的全部费用，追究其原因，不在于谷物的丰登，而在于货币的匮乏。随着现金的减少，各种物品的消费自然会按比例下降，农产品的价格也就无法上升到能使农场主缴纳得起地租的水平。在大多数教区，因为谷贱，穷苦无告之人近来大大增加。我们一面不断地将他们大批逐出国门，一面又另出新花样，兴办济贫院。而全国各地的商人无不怨声载道，他们的强烈不满过去是、现在也是言之成理的。假设谷价等大幅度提高，农场主因而缴得起地租，我国那些正当地抱怨在现行物价下无法挣钱养家活口的商人，其处境又将如何呢？生活必需品的涨价，必然促使贸易进一步萧条，因为物价上涨，人民普遍缺少货币，只要还有可能，就得进一步节衣缩食，结果商人之间原已不多的交易，现在所剩更是寥寥无几了，于是，穷人的人数及其悲惨遭遇不知又要增添多少了。此外，人们总是发现，随着贸易的缩减（或者说，从事贸易的人增加，这二者实际上没有什么差别），贸易利润将下降，而且下降的幅度要超过贸易额缩减的幅度。

为了论证诸位绅士先生不会因地租的下降而蒙受丝毫的损失，首先假设王国的全部土地每年涨价 20%。因为土地上种植的谷物、放牧的牲畜不会就此而有任何的增加，所以，谷物和牲畜的价格不是必定会大大提高吗？既然生活必需品涨价了，工人不是要为自己的劳动索取更多的报酬吗？既可以用来造车，又可以派作其他各种用途的木材，砍伐起来代价不是一定会更大吗？把农产品运往市场的马匹不是一定会更贵吗？马车以及所有的制造品不也就更值钱了吗？总之，只要有足够的货币使物品在较高的价格水平上流通，地租一旦上升，各种物品便都会随之而涨价。诸位绅士先生自己终究也是消费者，也就不得不和其他人一样，高价购买种种物品，因此，即使每年多得了20%，但是，为了获得需要的物品，支出至少得比以前超过20%，如果不是更多的话，那么又有什么合得来呢？

诸位绅士先生或许会说，就花费的钱来说确是如此，但是，他们节省和蓄储的钱却会有所增加。例如，假设一位绅士先生每年收入1 000英镑，花掉500英镑，还可省下500英镑。如果地产涨价20%，按同样的比例，他每年花掉600英镑，尚能结余600英镑。但是，殊不知，各种物品的价格结果不可避免地至少按相同的幅度上涨，600英镑买到的物品和以前的500英镑一样多，他又怎么能富裕起来呢？因此，在这种情形下，各位绅士先生将一无所获。相反，倘若地租每年减少30%，各种物品的价格至少也以相同的比例下跌。因此，各位绅士先生只是在名义上少得了30%，其实却毫无损失。前面的论据，我想同样足以证明这一点。为了防止每年在名义上的损失引起顽固的偏见，阻碍上述那个必不可少的建议的落实，让我们进一步考虑另一方面的情况。无人居住的房屋现在已经比比皆是，如果不贯彻上述措施，以便使人们有能力租赁，则今后还会继续增多。而空房屋一旦有人居住，便像土地一样成为不动产了。倘若由于实施了上述方法，货币不可避免地会富裕起来，那么，大量的货币将迅速地繁荣贸易，而发达的贸易不久又会使人们租用更多的房屋，人口于是也自然而然地很快繁

衍增长起来[①]。因此，通过大幅度地降低不动产的价格，以增加货币，使人们不久就能租用房屋，土地地主和房屋主无不从中有所获益。但是，也许有人会问道，如果为了让人们住得起房屋，土地必须跌价 30%，几乎达到 1/3，而等人租赁的空房屋却如我下面将要证明的只剩下 1/8 至 1/9，全部地主，包括地主和房东何以能个个从中获得好处呢？对此，我的答复是，地租现在已经超过了其适当的价值，因为任何物品的适当的价值，恰恰正是人们凭借手中流通的货币有能力支付的价值，不论采用什么手段，都无法长久地维持任何过高的价值。

有人又要问道，我们何以知道物品的价格恰好和其适当的价值相互一致呢？我的答复是，劳动的价格总是由生活必需品的价格构成的，同时，又是所有其他物品的价格的主要组成部分。每当生活必需品的价格所处的水平，使劳动者无法凭借工资，按适合自己的卑微的身份和低贱的地位的生活方式，来养活常常是命中注定要有的一个家庭时，生活必需品的价格显然是太高了，于是，其他一切物品的价格也太高了。这时，我们就完全有理由说，物品的价格已经超过了其适当的价值，对此我们在下文中，将作出更清楚的说明。

---

① D. D. 威廉·尼高斯在他的《与一位有神论者的谈话》[②]一书的第 64 页上说道，让我们进一步考察，我国人口的繁衍在近一、两个世纪里是何等的惊人。尽管内外战争频仍，美洲大陆发现以来，又有大批的人口源源不断地流向那里的种植园，而且最近还发生过大瘟疫，伦敦的人口在这 40 年中仍然翻了一番，农村人口的增加虽然没有如此迅速，但是，比例也甚为可观。

② 《与一位有神论者的谈话》，1696 年版。该书分成五篇（1723 年出的第三版扩充为二卷本）。作者尼高斯是一位神学学者，其生平见《国民传记辞典》《尼高斯》条。

现在，我想来论证，唯有继续开垦和耕种大片的荒地，以创办众多的农场，才能使土地地租每年降低20%—30%，也才能使全国土地每年降价20%—30%，但是在哪种情形下，各位绅士先生反而会富裕起来。

因为如果全国的所有土地每年涨价20%，各位绅士先生会因此而变穷，这一点可以成立的话，那么，相反的情形我想也就不言而喻了，即倘若全部土地跌价20%—30%，他们反倒会更富。也就是说，全部土地降价后的70英镑或80英镑所能购买的东西必然比土地涨价时的120英镑还多。下面我将充分地证明这一论断。

所有土地若每年涨价20%，其产量可以肯定绝不会比现在高，反而可能会降低，因为土地涨价，农场主受到一定程度的限制，和地租上升以前相比，耕种土地时所支出的经费减少了，所采用的工艺也变劣了。既然土地上的收成无论如何不可能超过现在的水平，因此，我认为全部农产品，不管是由什么构成的，在出售时，不仅一定要把额外的20英镑收回来，而且还得加上在这20英镑上理应获得的利润，以使农场主在农产品涨价，并从而必然抬高其他各种物品的价格的情形下，想买什么，就能买到什么。但是，农产品在进入消费以前，每经过一个人手，每经过一道加工工序，都要在已经提高了的原始成本上按比例增收利润。结果，消费者不仅要支付增加的全部20英镑地租，而且还要支付农产品必须流经的每个人不可避免地在增加的20英镑上所提取的利润。而劳动在每一件物品中增加的价值最大，在这种情形下，其价格同样必然要上升。因此，显而易见，由于最初增收的20英镑地租，再加上农产品必须经过的每个人员所提取的适当利润，以及耗费的劳动的费

用的提高,同样数量的农产品就必然更贵了。如果同样数量的农产品的成本的上涨,要远远超过最初增收的20英镑地租,其中的各个部分的成本自然也以同样的比例上涨,那么,我认为我就可以毫不犹豫地明确指出,那时即使140英镑也买不到现在的100英镑的东西。因此,和其他人一样毕竟也是消费者的各位绅士先生,如果提高自己的地产的价格,显然反而会穷得多;另一方面,若每年将地产降价20%—30%,他们倒会富起来,这是不可避免的结果,因为同样不容置疑,那时的70英镑或80英镑购买的东西比现在的100英镑还多,正如在相反的情形下,120英镑肯定还不如现在的100英镑值钱。

我曾经听到一些绅士先生们抱怨,他们发觉,依靠同样一份地产,他们祖先却生活比他们舒适,待客比他们殷勤,虽然其所得的收入远比怨声载道的子孙们要少得多。这一变化他们觉得困惑不解,而按我上面的理论,却既能得到说明,又能得到证实。因此,如果各位绅士先生感到由于地租提高到超过了人民凭借相互间流通的货币所能支付的限度,连他们自己也生活拮据起来,那么,人民必然遭到的窘迫和困苦有多大,也就可想而知了,沉重的地租正是从他们身上索取的!

也许有人会反对说,按这个观点推论下去,如果降低地租70英镑会比现在的120英镑值钱,那么,身无分文的人所能购买的东西不是比稍有钱财的人反而还要多吗?对此,我的答复是,凡事总有个限度,超过限度,一切都会自行停止。我们所说的限度是:只要劳动者的工资和生活必需品的价格不相上下(我想说明,这两者之间目前存在的差距是可以大大缩小的),使他能够按适合自己卑贱身份的水准，抚养一个他和别人一样生来注定要抚养的家庭，当劳动者的工资达到这一点时，土地所能提供的地租便是恰到好处的地租，各位绅士先生使用这些地租所能购买的东西，比任何更高的地租都要多。关于这一点我论证如下：

假设地租增加到必然会提高商品到达一般消费者手里时的价格的程度，使他们无法依靠自己所能挣得的钱，急需什么就购买什么，于是，便造成了一种不自然的商品充裕的局面。买者面对形形色色的商品，确确实实需要它们，却又挣不到钱来购买，只得尽其所能，节衣缩食。这就把商品（它们归根结底总是离不开购买者的）的价值，压低到为支付地租所需要的水准之下，并且将必然使农场主运往市场的农产品的价格保持在低下的水平上，因此，农场主依靠自己的农产品缴付不起各种费用及地租。于是，各位绅士先生一定会发现，要收取地租，即使并非不可能，至少也是难上加难；同时，无论他们去购买什么物品，其价格的上涨幅度如已经证明的都必然要比地租所能提高的幅度大。至此，我想事情便一清二楚了，使用和上述限度最相适应的一般土地地租，无论购买什么物品所得数量总是最多。

除此之外，还有一个有力的论据，足以说服各位绅士先生采取措施，以使货币充裕起来，即对自己子女的幸福的应有的操心。只要考虑一下，人来到世上，就是为了抚养一代新人，随后便可以溘然而逝。人类前后相继，但是，每个人的生命期限，从结婚到死亡，短短只有 20 年。在这期间，一对夫妇我想大约生育 4 个能长大成人的孩子。假设一位绅士先生每年收入 1 000 英镑，为了替孩子们的将来着想，每年积攒 500 英镑，20 年合计 1 万英镑，分成 4

份，其中还包括了给未亡的妻子留下的1份——这种情形必然是会经常出现的*——每个孩子只不过得到2 500英镑。给每个孩子节省下来的2 500英镑不仅比原来的财产要少得多，而且单靠其利息几乎难以维持一个人的体面的生活。大多数孩子便不得不去经商，挣钱以贴补家用，否则，他们不久就会把遗产花个精光。如果贸易凋敝、萧条的话，可以预料，他们中的许多人会像贸易一样陷于重重困难之中。可见，凡是能够增加一般人民中的货币的切实可行的办法，必然也会繁荣贸易，因此，都应该采纳，不仅是出于关心公众福利的一般考虑，而且特别是为了各位绅士先生自己的直接后裔的利益，因为贸易兴旺抑或呆滞，势必给他们当中的许多人以迥然不同的影响。

但是，有人把贸易的凋敝归咎于人们的享乐，现在，我们就来考察这个问题。

赡养自己及家庭，原是每个人义不容辞的职责。但是，事物倘若不是按其本性组织得井井有条，从而无法使每个人都有能力赡养自己及家庭时，还坚持这个要求就有点背情悖理了。

人们养家活口的手段便是从事各自的职业。

而各行各业产生的唯一源泉便是人与人之间的相互需求。世界上大约有一半的工作，是从几乎无力抚养自己的儿童身上产生出来的，因为人类差不多有一半以上不到十七岁就夭折了。

如果人们必须紧缩开支，那么，下列诸项事宜，即使不是悉数照办，至少也得部分地采纳履行：或者穿得少点、差点，或者吃得少

* 似有误，若包括妻子，则应为5份。——译者

点、差点，少雇或不雇仆人，减少住房，少点灯、少用燃料，在娱乐享受上不花钱或近乎不花钱，以淡啤酒、白开水取代葡萄酒、浓啤酒，或者干脆不嫁不娶，而不得不这样做的人现在确实为数不少，因为结婚费用浩大，他们负担不起。于是，各种物品的消费就会缩减，需要人民完成的工作也大大减少，许多人就此断了谋生之道，无力养家活口，穷人的数量将急剧增加。他们若除了躬耕田地外——在这种情形下，农业是唯一能够容纳他们的行业——无法找到任何其他的工作可干，不就必然会成为社会的一个比现在大得多的累赘吗？此外，随着穷人的增加，贸易利润将日益减少，因为贸易萧条，亏损严重，而大量的穷人又必然在剩下的一些贸易活动中为获取谋生的手段而你争我夺。同样，税收不是也一定会急剧减少吗？因为在这种情形下，作为税收的唯一来源的商品消费必然会锐减。可以肯定，穷人付不起高额地租，自然也缴不起高额税金。

因此，大可不必敦促人民省吃俭用，反而应该生产大量的物品，让大家尽情享受。于是，人民中的商业活动将有增无减，享乐便逐渐达到自然而恰当时限度，谁要过分超越了限度，谁就会自食其恶果。

再者，谈到享乐，凡是对厉行节俭的自然动机无动于衷的人，也不会轻易受任何别的动机的束缚。

而厉行节俭的自然动机是：既要在眼前供养家庭，又要在身后给子女留下遗产。

谁要忽略了前者，谁就很快会变穷；而想为孩子未来的生活积攒一笔钱的人们，首先必须盘算一下，有可能指望的寿命究竟多长，然后精心安排，量入为出，以便达到预定的目标。

一个人要为子女积蓄钱财，一般而论，自己总得先有可观的财富。假设一个人原有 2 000 英镑，加上精明谨慎，经营有方，每年又大约可挣得 500 英镑。一个人如果有了这么一笔财产，日子还无法过得稍微体面一点，那我简直无法理解，完全以物品的消费为依据和归宿的贸易，究竟从何产生；房屋地主们又如何能在自己的房产上收取可观的地租。住在伦敦，既要支付房租、税金和其他各种费用，又要维持一家人过中等水平的生活，即使省吃俭用，节衣缩食，每年只花费 250 英镑无疑也是非常拮据的。我往后要证明，按现在的房租和物价计算，每年再多支出 50 英镑或 60 英镑，也是微不足道的。

在上面的例子中，继续假设，那个人每年节省 200 英镑，而哺育、抚养子女我认为一般需要 20 年，20 年之后，他就在原来的 2 000英镑上，增加了 4 000 英镑，总计 6 000 英镑。如果以一对夫妇生四个孩子论，平分 6 000 英镑款子，若还替未亡的妻子留下一份，每个孩子可得 1 200 英镑；否则，每个孩子可得 1 500 英镑。凭这笔遗产，他们的生活境遇常常不会胜过父母双亲当初的生活水平的。而如果情形更遭的话，子女们马上就会陷入贫困之中。但是，世事颇多意外，殊难预料，因此，投在贸易中的 2 000 英镑资本即使每年获利 25%，谁也不应该认为是太丰厚的。倘若考虑到为此必须付出多少心血，运用多少技艺，再加上投在贸易中的货币不仅一定得提供一笔利润以便在目前和将来作养家活口之用，而且还随时有可能遭受巨大的风险，情形就更是如此了。

一个商人，挪出经商所得的一半用作生活开销，是不能说他挥霍浪费的。但是，为谨慎起见，他不该大手大脚，不只因为贸易在本质上是起伏不定，上下波动的，即使并非出自其他缘由，仅仅由于命运不济，这种起伏波动也会时有发生，置他于困厄之中；而且还因为替孩子积蓄越多，他就越能使他们享受更高的生活水平。

而一个商人如果在精打细算，勤俭持家，尽了一切努力之后，还是万不得已，将经商的收入全部消耗殆尽，那也不应该说他挥霍浪费。

人生在世，理应享受的全部幸福，便在于和平与丰裕。众所周知，正是和平与丰裕构成了人间的幸福。因此，这两个词已经成了表示极乐境界的口头禅了。这无疑表明了，人们已经从自己的亲身经历中发现，只要有了和平与丰裕，事事都会称心如意的。

所以，人民若有什么难处，原因不是二者缺一，便是两者皆无。

譬如我们现在，虽然天下太平，但是，我国的贸易却凋敝不堪，其根源就必然在于匮乏。向国会递呈的申诉此起彼伏，空无住户的房子比比皆是，便充分证明了这一点。

凡耕种的土地不是每年有长足的增加的国家，一旦干戈不兴，人类的自然繁衍势必会使贸易普遍萎缩。

因为和平一来，在战争中应运而生的大规模的贸易便就此告终，在战争的生意经中受到雇佣、找到生计的人，也不得不转而去从事由正常的生活所产生的贸易活动。因此，当战火一息，贸易所剩无几时，赖以为生的人数却反而急剧增加，剩下的贸易必须分成的份数显然要远远超过以前。利润原是应该随每个人所经营的贸易的减少而急剧增加的（因为生活费用并不降低），但是，人们从经验中却总是发现，利润不仅减少，而且减少的幅度超过了每个人所经营的贸易减少的幅度。任何一个行业中就业的人太多，后果必然如此，因为以前人手稀少，现在人员充斥，然而，需要完成的贸易和商业活动没有丝毫的增加。于是，陷于这种不幸境地的行业中的许多人，只得宣告破产。

此外，和平时期货币利息降低，又使许多人转而从事贸易。因为货币利息下跌，他们或者无法靠利息度日，或者不甘心靠利息度日，便来经营商业，想从自己的货币上获取较多的收益。拥有大笔货币可资利用的人，能够以比过去低得多的利润经商，从而必然把大量的贸易活动从原来的经手人那里夺过来，以便让他们投入贸易中的大笔货币得到运用。于是，钱财匮乏的人再想谋取生计就难上加难了。结果穷人的人数急剧增加，更有人连原来居住的房屋的房租也付不起，空房子便必然随即出现。这就迫使许多人背井离乡，带着在本国学得的手艺到异邦去谋生。

在上次战争中，我们战绩辉煌，战果累累，取得了难以想象的胜利，战后多年来，国内又始终是一派升平景象。但是，为此我国却至今还肩负着沉重的借债和赋税的担子。这就表明，战争并不是繁荣贸易的自然手段，因为即便现在，上次战争的恶果依然压得我们喘不过气来。我们不妨回头再看看法兰西在同一次战争后所陷入的境地。那里饥馑横行，瘟疫猖獗，在克劳兹人们不得不将王太子的辇车团团围住，大声呼喊：和平与面包！面包与和平！种种情状自然可以促使我们完全相信，战争甚至是一场惨绝人寰的灾祸。

正因为和平在任何国家都是幸福的唯一的自然基础，而贸易则是便于人民找到职业、谋取生计的特殊手段，所以，应该不断地促进贸易，改善贸易，在有利于贸易的和平时期更要如此。

对于各行各业一般不应施加任何形式的约束，征税也不应超过不可避免的限度，因为一个行业一旦受到任何程度的课税或其他形式的桎梏，在其中谋生的许多人将由于种种限制而无法继续原来的工作，结果只得去从事别的职业，或者被驱逐出境，或者靠国家救济得过且过，在最后那种情形下，他们总是成为一个有悖事理的大包袱，倘若有什么方法可以雇佣他们的话，是应该加以防止的。

人们可以清楚地看到，凭借上帝的睿智和善意，存在着许多自然的办法，足以维持人类，使他们在幸福中安度年华。即使对比我们低级的各种生灵，上帝都关怀备至，除了我们的一些不可理喻的同类所施加的残害之外，它们既不缺优良之物，又不受困顿之苦。上帝对比我们低级的生灵尚且费尽心机，恩惠有加，倘若有谁居然会想象，他对世界作出某种安排，以便让人类不可避免地遭受一些痛苦，便是大谬不然了，因为上帝在世界上虽然造物众多，但却把人类置于万般之首，而其他一切都注定是为造福于人类服务的。由此可见，人类碰到的任何困难，都必然是起因于自己的处事不当，没有从自身出发去洞察神明的本质。

按神明的旨意，人类和动物、植物一样，也必然会繁衍增加，因此，必须雇佣日益增多的人类来耕种不断地按比例增加的土地。对此我们应该加以注意，不可等闲视之。因为人类毕竟都是消费者，耕地若不扩大，过去所耕土地的产物就需供养日益增多的人口，这就会扩大对农产品的需求，抬高农产品的价格，而新增加的人口只得在其他各种行业、制造业中寻求就业、以维持生活。不久，这些行业和制造业便人满为患，无法给所有新增加的人口都提供谋生之道。人们辛勤劳动以孜孜追求的生活必需品却不断涨价，日益昂贵，人们越来越买不起。在我看来，我们眼下的境况大致就是如此，从我附入本书的我对赡养一个贫穷的家庭和一个中等水平的家庭必须花费的开支所作的估算中，也可以看出这一点。因此，我认为按比例增加耕地的建议，是唯一切实可行的自然的补救办法，如果实行得彻底，不久便可发现，一定会泽披全国，尽管想象起来，效果似乎恰巧相反。

我认为在此有必要对人类增长率略加论述，因为人类的幸福正是决定于耕地是否按同一比例持续增加。我采纳威廉·配第爵士[①]的计算，他证明了即便时有兵燹、瘟疫，人类还是每隔 360 年翻一番[②]，因此，每年必须开垦、耕种的土地至少应占现有耕地的 1/360。

假设英格兰的版图为长 320 英里，宽 290 英里的矩形，其面积为 92 800 平方英里。但是，英格兰并非方方正正，由于版图的不规则，再加上城市和河流，我们应把上面计算所得的面积减去1/3，于是，英格兰便只剩下大约 62 000 平方英里土地了。

再假设，目前我们大约只耕种了一半的土地，即 31 000 平方英里土地，为了和人类的自然增长率保持一致，每年需要增加的耕地至少应占原有耕地的 1/360，即 86 平方英里土地。如果英格兰的现有耕地比我估计得要多，或者人类的繁衍比威廉·配第爵士前面的计算还要快得多，那么，每年需要开垦的荒地必须按新的比例增加。

但是，耕地和人口按相同比例增加的情形从未出现过，因此，不言而喻，各行各业、各种制造业和专门职业自然都人满为患，举步维

① 《再论关于伦敦增长的政治算术》，1683 年版，第 15 页；该文重印于《威廉·配第爵士经济论著》(赫尔编)，见第 463 页。从本书中可以看出，范德林特对于“威廉·配第爵士的”观点的了解，可能完全是通过威廉·尼高斯的《与一位有神论者的谈话》一书获得的。

② 笔者是从尼高斯博士的著作中获得这一结论的。

艰。随着人口增加，对土地的需求扩大，于是地租提高，生活费用比以前昂贵，人民养活自己的能力也今不如昔。此外，生活必需品的涨价，不是相应地提高我们商品的价格，便是降低其质量。为此，我们的邻国将减少对我国商品的购买量，相反我们向他们购买的商品却必然会增加。我深信不疑，我国的对外贸易正是因此而出现逆差，就是说，我国的金银实际上也正是因此而一直在减少。近年来金银的大量出口，便是强有力的证明，不论提出什么理由都无法加以否认。此外，我国货币的汇率，尤其是与荷兰货币的汇率，近年来一直大大低于我们的硬币的价值，只要任何一个国家在和我国通商中出现顺差，我国货币与该国货币的汇率便必然如此[①]。虽然这对我国商品的出口可能略有促进，因为它们进入国外市场时特别便宜，但是，如果我国的贸易长此以往，我国所剩的现金将必然寥寥无几。为了防止这种可怕的灾难，如果我们能尽快地把面积远远超过现有耕地的荒地投入使用，我国的穷人便将找到就业，空房屋不久便将有人租赁，制造品也将变得价廉而物美，使我们不仅可以向目前同我们通商的国家增加出口，同时开辟新的国外市场，以便销售我国的产品，而且可以遏制舶来品的过量进口。于是，我国的对外贸易便会出现顺差，从而增加我们的现金，也就是说，一般人民手中的货币一定会充分地富裕起来。要达到振兴我国贸易的目的，除上述方法外自然界没有别的途径，因为劳动价格最低廉的国家在对外贸易中必然会永远占优势，同样也必然会获得货币。此外，能够获取货币的贸易也就是可以雇佣人、养活人的贸易，因此，人口总是流

① 这是判断我国与任何一个国家的贸易是顺差还是逆差的一条法则。

向获得货币(即贸易顺差)的国家。

在结束这个话题之前,我不得不提一下 1731 年 1 月 3 日库兰特日报上披载的寄自柏林的一篇文章。从该文得知,柏林似乎对出生、死亡和婚姻状况保持着精确的记录。根据记录,柏林市在 1730 年有 3 332 人出生,2 691 人死亡,人口净增为 641 人。而根据我们的死亡记录,按人类的一般寿命计,两代之间相隔不到 25 年。把柏林市的死亡人数乘以 25,乘积为 67 275,再除以每年增加的人数 641,商等于 104,也就是说,每隔 104 年人类便将翻一番。如果我们把这看作是普遍的规律,那么,英国大约必须每年新开垦 300 平方英里的土地,否则,增加的人口就会涌到一些专门职业、制造业及其他各种行业中去,使它们不堪负担,最终全部彻底垮台。倘若耕地不是每年按人口增长的比例增加,以便雇佣和赡养新增加的人口,这种情形便是人类增长的必不可免的结果。

对我国的贸易量无疑问同样具有极其重要意义的另一关键在于大量增加木材,急剧降低造船的成本,使得任何一个国家搞海运收费都无法比我们低廉。我们大大降低了劳动的价格,如果再能迅速增加木材的数量,造船的费用不久就可以减少 1/3,而且船舶的产量也一定会远远超过现在的水平。制造这些船只需要雇佣各行各业的大量人员,而驾驶这些船只还需要雇佣更多的人员。正如我国的财富无疑是极大地依赖于海上贸易,我国的军事实力主要则是由海军构成的。如果木材增加,劳动又降价,制造战船就会比现在便宜得多,政府目前为生产舰艇所负担的开支可以大大缩减,此外,只要极少的经费,便能给这些舰艇配置人员、装备,让它们在海上驰骋。这是全面地、彻底地实践上述建议的必然结果。

于是，政府可以大大缩减为处置各项事务所需支付的经费，不久，剩余便会出现，国债便会减少，赋税便会减轻，而又不至于给政府或国家带来任何的麻烦。

可能有人会以为，各位绅士为了自身的利益和家庭的幸福，植树造林原是理所当然的。但是，我们发现事实恰巧相反。尽管制定了不少法律，责成人们去植树造林，然而，目的还是没有达到。我认为其原因在于：首先，近年来，由于对土地的需求强烈，地租始终在上升，于是，植树得不到足够的重视。第二，10 年树木，直接受益的是子孙后代，而不是我们自己，因此，有人就不屑于此种举动。这种情形如果任其延续，第 583 期《旁观者》杂志[①]所作的预言便必然会一语中签。该杂志认为，不消几年，英格兰将不知如何筹措足够的木材以满足我国舰队的需要[②]。为了增加木材，我建议制定一项切实有效的法律，明文规定，无论何时何地，在全国所有的树篱中，堤岸边，大约每隔 100 英尺必须种上一棵树木。我想这个距离可以保证有足够的光照和透风，因此，种植在树篱中和堤岸边的树木不会给农作物带来任何的损害。

除此之外，所有贫瘠的土地，不太适于耕种的土地，以及尚未开垦的荒地，只要力所能及，也都应该种上树木。众所周知，一旦把种植的树木砍尽刨绝，底下的土地必然肥沃富饶，因为树林既有落叶肥田，又能比较长久地保持雨水，所以，长有森林的土地便总是日益

① 1714 年 8 月 20 日。

② 近两三年来，木材价格一直非常公道，我认为这完全是由森林遭到骇人听闻的破坏所造成的。和过去不同，农场主们一般缴不起地租，因此，绅士先生们异乎寻常地大肆砍树伐林。

丰腴。再说,森林出产细洁优质的木材,而树篱生产坚强弯曲的木材,对于制造船只,特别是小船都尤其合适。若采纳我的建议,木材便会富裕起来,如果再能降低劳动价格,我们就能够以极其低廉的代价建造船舶,从而可以在海洋贸易中和任何一个国家竞争抗衡。要达到这种地步,除上述方法外,自然界中再也找不到其他的途径了。而在此之前,我们不仅只能坐视外国船舶充当全世界的主要航运者,而且自己也不得不大量雇佣并非由我国制造的船只。

对此有人会提出反对意见,认为那种前景不是一下子能实现的,因为木头成材,没有十年八载是办不到的。但是,木材需求量的增加如此之烈,非按上述建设办不成。如果为将来计,我们现在就做好有效的准备,那么,我们目前的木村储备充裕,足以应付各种需求,同时,供给又在不断增长,将来也不至于再会产生任何困难,只要劳动能够尽快地便宜下来,从而达到我们所期待的目的,因为凡是能降低劳动价格的措施,也一定会使任何其他物品的价格下跌。如果能尽快地开垦足够的土地,那么,用不了几年,就可以充分实现我们的目标,并且从一开始人人就能够明显地感觉到情况的好转,因为随着荒地的开垦,各行各业都必然会兴旺起来,除了地租将下降外,不会有任何的弊病。而地租的降低,我在前面已经证明了,不仅为各位绅士先生的直接后裔的未来幸福提供了可靠的保证,而且还会促进他们本人眼前的利益。

至于地产的收益,总是由货币利息决定的。如果地租保持不变,地产的价值原来相当于多少年份的收益,现在依然不变。地租若下降,地产的卖价虽然会按比例下降,但是,卖得的货币不管怎么使用,其所具有的购买力却至少不会降低。

《旁观者》杂志第二百期[①]上的一篇文章宣称，农产品如果能在满足全部的消费需求之外再增产 1/10，其价格就将下跌一半。但是，这么大幅度的增产是绝对不可能的，我相信，世界上还从未开创过此种先例。其次，毫无疑问，造物主在人类的欲望与土地为满足人类的欲望所提供的产品之间和在其他各个领域中一样，始终维持着一个恰到好处、准确无误的比例，因此，农产品的剩余要达到 1/10 是不可能的，下面我将继续加以论证。

但是，从死亡记录来看，住房的过剩业已超过了 10%[②]，如果

---

① 1711 年 10 月 19 日。

② 根据 1730 年的死亡记录，伦敦、西敏寺及其郊区的死亡人数如下，和前后的年份相比，该年的死亡数既不偏高，也不偏低：

年　龄	人　数			年龄总数(岁)
2 岁以下	10 368		每人以 1 岁计 年龄中数	10 368
2 至 5	2 448	10 岁以下	$3\frac{1}{2}$岁	8 568
5 至 10	1 092	总　计	$7\frac{1}{2}$岁	8 190
10 至 20	901	13 908 人	15 岁	13 515
20 至 30	2 048		25 岁	51 100
30 至 40	2 471		35 岁	86 485
40 至 50	2 373		45 岁	106 785
50 至 60	1 713		55 岁	94 215
60 至 70	1 577		65 岁	102 505
70 至 80	1 601		75 岁	75 075
80 至 90	622		85 岁	52 870
90 至 100	138		95 岁	13 110
	2		101 岁	202
	1		102 岁	102
	2		103 岁	206
	3		104 岁	312
	1		105 岁	105
	总计 27 361 人			总计 623 713 岁

不采纳我所提出的建议加以阻止，势必会导致房租降低一半的后果。同一期《旁观者》杂志的另一篇文章认为，伦敦和西敏寺两个城市除了使农村能缴纳地租和赋税外，还为国王提供了五分之一的岁入。事实若真是如此，那么，对于增加一般人民手中的货币一事我们就绝不可等闲视之，因为只有当人民拥有丰富的货币，贸易才会繁荣，空房屋才找得到住户，同时，因对货币问题漠不关心而必然引起的全国岁入的大幅度减少的势头也才能得到遏制！

但是，我知道，有人认为大量的住房找不到房客，是由于自和平以来大兴土木的缘故。然而，谁只要考虑一下，死亡记录中至少有60万—70万人，根据人类的自然增长率，即使作最保守的计算，即人类每隔360年翻一番，自和平以来人口的增加也要将近4万[①]，因

根据这份死亡记录，把死亡人数26 361除他们的年龄总数623 713，商约为23⅓，便是人类寿命的平均期限。以平均期限乘上死亡人数，表明在该年活着的大约有624 423人。假设每幢房屋可以居住10口人，那么，只有62 442幢房屋有人居住。1732—1733年1月2日的《伦敦晚邮报》说，据最近所作的计算，伦敦·西敏寺以及死亡记录中所包括的其他各地，共有8000幢房屋无人居住，即全部建筑物中1/9以上是无人居住的。其中大多数房屋假设平均每年约可收费20英镑，按此标准计，从死亡记录中可以看出每年损失的房租高达160 000英镑。从死亡记录中可以看出，人类有一半以上不到10岁便夭折了。如果考虑到10岁左右而又生存下来以接替所有超过此年龄的死者的青少年的人数，就可以肯定，世界上大约一半的商业如我前面所说的，是由儿童创造出来的。从死亡记录中还可以看出，如果撇开20岁以及不到20岁死亡的人数，人类的平均寿命约为49岁，但是，我绝非认为，男人们必须在婚姻状况中抚养家庭的期限会远远超过20年，因为一般而言，可以肯定，婚姻状况至少在20岁以后才开始，而且毫无疑问，在双方一起达到49岁以前，夫妇中各有一个死亡，婚姻状况就不复存在了。

① 我并非不知道，戴汉姆先生在《物理神学》[②]一书中证明了，伦敦和绝大多数的大城市一样，死亡率超过了出生率，因此，有人可能会对上述人口增加的估计提出反对意见。但是，这种反对意见在我看来是无足轻重的，因为如果即使有战争，有瘟疫，一个国家的人口大约每隔360年还是绝对翻一番，那么各个城市的情形也必然如此。而按尼高斯先生的说法，伦敦人口增长速度显然还要快得多，在短短的40年中就翻了一番，尽管在此期间曾经发生过上一次骇人的瘟疫。

② 《物理—神学：或，根据上帝的各种创造以论证上帝的存在与属性。本书集十

此，谁也就不能将房屋无人居住的现象仅仅归咎于大兴土木，他还必须寻找别的原因。但是，不管怎样，房子既然造出来了，有人居住还是无人问津，就必然会对全国的房租和国家的税收产生重大的影响，使我们不得不采取适当的措施，给空住房找到房客。我相信，只有开垦足够的土地，以增加人民中的商人所拥有的货币，才能迅速实现这一目标，其他任何别的办法都是无济于事的。

进而言之，倘若伦敦人口正如尼高斯先生所说的在 40 年中就翻了一番，尽管在他著书立说的时期还发生过一次骇人听闻的瘟疫，而农村人口增加的幅度虽然没有这么大，却也颇为可观(希望依靠权威的尼高斯先生就完全能证实我的估计)，那么，自和平以来所建造的房屋，我想连人口增加的 1/4 也不到，因此，绝不是可以用来解释大量空房子之存在的理由。

房屋无人居住，究其起因，实在是由于贸易委靡不振，因而人民拥有的现金急剧减少，他们难以挣到足够的货币以养活自己，许多人连房租也付不起，更有许多人也正是为此而不得不离开故国，流落异乡。哪里的人民无法以按适合自己的身份、地位的水平维持生存，那里的人口就将流失；对外贸易出现巨额逆差的国家必然会陷入这种境地(除非采取我所论证的方法以防患于未然)。

因为显而易见，一个国家对外贸易出现多少逆差，由自身的各种需求所引起的国内贸易就会相应地被挤掉多少，与此同时，

十六次讲道之大成，妙语连珠，并附有翔实的注释。这些讲道是 1711 至 1712 年在伦敦圣玛丽—勒勃教堂举办的尊敬的鲍勒先生的演说中宣讲的。》第 8 版，1732 年出版于伦敦。本书引用的引文见该书第 176 页注释①。

现金也会流失多少，从而导致双重的不利后果：货币既匮乏，就业又不足。长此下去，人口的迁徙和减少也就不可避免了。因此，为商人所熟知的下列准则看来是确凿有据的：外贸出现大量顺差的国家人口总是有增无减。这一准则其实只是上面业已证明了的原理的逆定理而已。尼高斯博士著书立说的时期，我国的对外贸易必然是出超的，因为尽管人口急剧增加，众所周知，各种物品的价格还是一直在稳步上升，我国现金增加的比例若赶不上人口增加的比例，这是绝对办不到的，如我前面阐述的第四条准则所表明的。

由此看来，任何一个国家都应该把在整体上始终保持顺差作为本国对外贸易的立足点，因为假若人类每隔360年就翻一番，如果一国的现金每年递增不到1/360，那么，几年之内，人民便必然会由于缺乏货币而变得贫穷困苦，除非至少按相同的比例压低全部物品的价格，以防患于未然。一个国家只要有足够的荒地可供开垦，以便增加各种物品的数量[①]、从而降低各种物品的价格，它就有能力、有办法做到这一点。所以，如果开垦的荒地多到足以实现我们的目标，就能给人民提供就业的机会，使他们安居乐业，从

① 约翰·劳伦斯博士在他的《农业的新体系》[②]一书第45页上说道：毫无疑问，任何种类的土地的开垦，都能创造财富，增加物产，而物产丰富，居民和全体人民就可以共同消费。在第47页上他又说道：因此，显而易见，围垦荒地不仅是促使人们讲究精耕细作的最大动力，而且也是根绝乞丐的良方，因为开垦的土地需要不断地投入劳动，穷人就能得到雇佣，并且由于每年五谷丰登而获得加倍的报酬。

② 《农业的新体系，即由畜牧业和园艺业组成的一个整体》，1726年版。作者约翰·劳伦斯(Laurence)〔不是往下73页上提到的那个劳伦斯(Lawrence)〕本人是个牧师，主要以《牧师的消遣，论园艺艺术之乐趣及裨益》一书而闻名，该书初版于1714年，到1716年便出到第4版了(见《国民传记辞典》《约翰·劳伦斯》条)。

而不仅可以永远预防大量的住房长期无人居住的现象，并且可以在全国各地不断兴建新的住宅。尼高斯博士所宣称的40年来全国住房的大幅度增加，特别是伦敦住房的增加，充分证明了这一点。

暂且假定，伦敦和西敏寺的人口大约在40年间确实翻了一番，我虽然对此毫无怀疑，但在下面还是要加以证明。由于人类的自然增长不可能达到这种速率，或者与此相近的速率[①]，因此，必定存在什么别的强有力的原因，在我看来这个原因就是贸易的兴隆。以下就是我的论证。

伦敦人口增加了一倍，全国人口虽然没有翻一番，增加的比例却也不小，但是，生活必需品以及所有其他物品的价格反而比40年前还高。根据我的第四条准则，如果我国现金不同时也大幅度地增加，这是绝对不可能的。又因为我国没有金银矿，只有当出口商品的价值超过进口商品时，现金才会增加。这种情况在任何一个国家都意味着贸易的兴旺发达，因而产生了我们所看到的上述伦敦人口翻一番的结果。由此可见，如果我们能振兴我国的贸易，不仅能使用足以和其他任何一个国家相比的低廉成本生产各种农产品和商品，而且能够制造可以抵制它们对我国的任一行业展开竞争的所有物品，那么，我前面所描绘的局面便又会出现，空房子

① 威廉·配第爵士说，一个国家的人口每隔200年翻一番[②]；但是，理解这句话时，必须始终把战争的灾难、瘟疫的洗劫和向遥远的殖民地的迁徙等因素撇开。

② 《论税收和特别税》，1662年版，第59页(赫尔版，第78页)；《爱尔兰政治解剖》，1691年版，第25页(赫尔版，第154页)；配第于1681年8月20日致索斯威尔的信(赫尔版，第467页)。

可以找到房客，同时，新住宅又可以兴建。

因此，使我国的对外贸易立足于在整体上永远保持顺差的地位，是绝对必需的。可以肯定，源源不断地出产金银的矿山，确实给每个外贸入超的国家提供了必不可少的贵金属以弥补贸易差额。供给整个欧洲以金银的矿山，自从欧洲人占有之后，提供的金银数量在抵消人口增长的因素之外还绰绰有余，以至于提高了欧洲各地所有商品的价格，而直接或间接和拥有金银矿山的国家大规模通商的国家尤其如此，它们完全有可能一直维持这种贸易；如果断绝这种贸易的话，我已经证明了，并且还将进一步证明怎样才能造成一个和上述情况始终相同的局面。

至于那些源源不断地向世界其他各国提供金银的国家，因为拥有矿山，它们获得的金银也就相等于是一笔贸易顺差。

接下来我想谈谈关于贸易禁运和禁止流通硬币出口的问题。

前面已经指出过，不管使用什么方式，一个男人总应该通过正当的手段抚养自己和家庭，这个要求是完全合情合理的；但是，为了达到这一要求，世界上万事万物都必须安排得井井有条，顺其自然，从而给每个人以足够的就业。在这方面只要出现任何明显的弊端，就必然会有人失去职业，因此生活无着。前面还说过，除了由人与人之间的相互依赖所引起的职业之外，世界上根本无就业可言。

相互依赖所引起的职业仅仅是从人类的各种欲望中产生出来的，正是这些欲望引申出了人类所有的各行各业和各种自由职业。不过，我要补充一句，人类各种欲望之间的搭配比例极其精确，足以把所有需要或愿意被雇佣的人全部雇佣起来，关于这一点，我以后再加以论证。可见，人类的欲望不仅构成了人类所有贸易活动的基础，而且，只要没有任何阻碍，便一定能够维持全人类的生存。

因此，应该把世界各国看成是一个商人的共同体，他们为了互利互惠而从事各不相同的职业。

这些职业中有相当可观的一部分与海上运输、海上贸易有关，即把几个国家的商品从一国运到另一国。

于是就需要船只，而船只又通过不同途径牵涉到各种各样的物品，从而能供给很大一部分人类以就业机会。此外，船上所装载的货物还需要陆上运输，再加上商人、办事员以及所有由海上贸易和海上运输派生出来的其他各个行业。这就必然使各国能够养活大量的居民，若没有各国之间的通商往来、单靠本国领土的话，所能雇佣的人数要少得多。

既然人类从来没有抱怨过贸易太多，而缺乏足够的就业、难于维持生活的人倒为数不少，实行禁运归根结蒂会剥夺许许多多人的职业，否则，就业机会要大大增加。我认为，虽然实行禁运受到损害的主要是那些禁止自己商品出口的国家，因为别国若得不到这些物品，我相信它们几乎总可以通过某种途径，或者自己生产，或者用别的物品来取而代之。但是，不言而喻，由于实行种种禁运措施，商人、船只及其各种各样的附件都相继减少，这些国家却不会不受到影响。许多人无疑将必然丧失生计，而不得不到国内各种职业中去谋生。然而，一个国家在自己的国土上，若没有规模相当的海洋贸易，单凭国内职业是无法维持众多的人口的。人民如果失去海洋贸易所提供的许多就业机会，国家便必然遭到重重困难。

受到禁运的国家如果对世界贸易缺乏透彻的洞察，就一定要采取报复，纷起而效尤①，我们知道它们实际上也已经实行禁运了。各个国家都不开窍，大家受到的灾难便将不断增加，因为相互禁运能够，而且事实上也的确夺走了许多人的职业和生意。

贸易若摆脱了任何桎梏，不仅不会招致丝毫的害处，反而会带来极大的裨益。如果我国的现金因此而减少——实行禁运原是为了防止这种情况的出现，那些得到现金的国家，随着现金的增加，必然会发现万物价格腾贵。而我们失去了货币之后，若能极大地增加物资，以便使永远是由食物和饮料的价格构成的劳动变得极其便宜，我们的制造品和一切其他物品不久就会跌价，因此引起贸易差额的好转，货币也就会失而复得。可见，使贸易得以进行的货币犹如潮水，时涨时落，从而为我国人民招来了大笔生意，使他们有活干，有福享。但是，所有这一切都离不开一个绝对必需的前提，即大规模地开垦荒地，增加各种农产品，以便降低劳动的价格，并因此降低其他一切物品的价格，使我们能以和任何一个国家同样低廉的价格开展商业活动，否则，我们就只得闭关自守，和世界各国基本上断绝通商往来。这一点生意人最清楚，其他人也很容易理解，因为谁的劳动价格最低，谁就

① 伊拉斯·菲利普斯先生在他的《国家的状况》② 一书第 13 页上极其中肯地说道，我国实行的高额税率和禁运措施促使其他国家群起而效尤。

② 《国家的状况，关于国家的商业债务与货币》，1725 年出版于伦敦。作者的姓名没有在书名页上出现，只是附在《致国王》的献辞后面。该书于 1726 年、1731 年和 1751 年三次重版。当代对于该书的兴趣主要是由麦克库洛赫的一段评语引起的。麦克库洛赫认为，该书至少有一段文章“是斯密或者李嘉图所无论如何也无法超越的”（《政治经济学文献》，第 351 页）。

必然在贸易中占上风。

有些国家禁止出口制造品的元件毛坯，对于输出完全加工完毕的成品却极其乐意。但是，必须防备其他国家的报复，它们会千方百计，放弃舶来品，改用自产品，以使本国人民得到雇佣。各国都作如此的想当然，却谁也没有考虑到，相互之间的通商的缩减，取消了更加宝贵的海上贸易及其提供的就业机会。这各国原是应该全力促进和发展的海上贸易及其提供的就业机会，不仅因为我前面所论及的理由，而且因为控制住大部分海上贸易的国家，总是最富裕、最强盛的国家（相对于其领土面积来说），而不管其人民所拥有的现金数量和别国相比是多是少。除此之外，我还要指出，应该考虑一下，出口制成品和出口元件毛坯，在海上都要受到风险，但前者的价值要大得多。而价值昂贵的制成品又非常容易使贸易差额波动，因此，为了平衡贸易差额，就得动用大量的金银，并使其面临种种风险，和其他方式的贸易相比，在海上贸易中风险更是常见。总而言之，任何一件物品如果需要的人愿意出钱购买，有谁还想去完全禁止其出口或进口，那真是难上加难。禁运和高额关税不可避免地会产生种种麻烦，使许多诚实的人蒙受极大的损失，而且还常常引起不公正。相反，让我们思索一下，无拘无束的自由贸易是否会给我们酿成任何我们应该加以防范的困难①。关于和法兰西的贸易，我不想作任何辩解，虽然即使在这一场合，我也看不

① 伊拉斯·菲利普斯先生在他的著作的第 14 页上铿锵作声地说道，一个从事贸易的国家理应成为一座大门敞开的仓库，在那里，商人们高兴买什么就可以买什么，能够卖什么就可以卖什么。任何一件物品拿到你跟前，你若不要，你就绝不会去买；一旦你喜欢，关税再高也无法阻止你购买。

出自由放任的贸易会给我们带来什么危害，只要我们小心谨慎，当现金减少时，注意耕种更多的土地，雇佣更多的人员，进一步降低物价，即使剩下的现金寥寥无几，也足以使贸易能顺利地进行，因此，尽管现金减少，人民依然个个幸福，现金减少所招致的诸多不便自然可以避免了。因为我很清楚，法兰西人民的生活比我们俭朴得多，其劳动也就远远地比我们廉价，因此，我们生产的制造品，他们大多也能生产，而且质量完全可以和我们的相媲美。如果和他们通商，他们就会拿形形色色的廉价物品向我们倾销，我国的制造业将会就此停止生产，直致最后，他们通过这种途径从我们手中获得的货币，极大地抬高他们物价，我们的物价却因货币匮乏而大幅度地下降，我们的制造业就不能开工营业了，并且成本和他们一样低廉，于是，我们和法国，又可以和其他与我们互通有无的国家之间的情形一样，重新开始通商往来了。这样，我想不仅我们英法两国的海上贸易能够扩大，而且与海上贸易有关的其他各行各业也都会得到发展（即能给两国的大量人口提供就业的机会）。最终，直到每个国家都在各自的产品上获得专有的天赋优势，事情才告结束。如果一个国家在自然条件方面胜过另一国家，由此引起的唯一差别是按人口比例计算它所拥有的货币比其他国家要多，因此，各国的物价水平也相应地有高有低。但是，倘若这些国家企图把货币限制在国内，以增加国内的货币量，并从中谋取什么别的好处，不久即可证实，于它们是有害而无益的，因为随着现金增加，物价必然提高，这就给其他国家提供了可乘之机，其他国家因此能够凭借价格的低廉战胜它们，将它们从国际市场的贸易中排挤出去，甚至还可以不顾它们的全力抵抗，将如此廉价的商品倾销到它们国内。

但是，我们不仅要考虑和法国的贸易，而且还必须考虑和其他各国的贸易。因此，假设毫无限制地和法国或者任何其他国家开展贸易后，我国现金锐减，一般物品的价格即使比现在差不多降低一半，我们也无法维持，但是，只要我们格外小心，不使贸易中断，通过雇佣人民去耕种更多的土地，降低农产品和制造品的价格，我们就能继续和那些国家通商，并且必然能极大地扩展对他们的贸易。而它们所拥有的现金使其物价接近或者甚至超过我们目前的物价水平，因此，我想我们对它们的贸易一定会出现顺差，从而防止对我国产生任何重大的损失。于是，在和那些能够以更低廉的成本从事生产的国家进行自由通商所许可的范围内，我们的贸易便会大有转机。

为了不至于让人们担心，如此强调开垦大量的荒地会不会过分，我提请他们注意，开垦荒地自有其天然的限度。当农产品泛滥，多得无法加以利用时，荒地的开垦自然而然地会停止。但是，只有在地租太高，或者务农的人太多时，才会出现这种情形。不过，务农的人太多恐怕是绝不可能构成任何危险的，如我以后将要证明的。即使可能的话，但是，由于眼下人们度日维艰，那就显然有必要继续开垦大量的耕地，以增加货币，繁荣贸易。经营其他各行各业的人手于是比原来需要的还少，这些行业就变得格外有利可图[①]；对此，生活必需品的价格低廉和数量丰富——这是一切人类劳动的最终目的——起了巨大的促进作

① 从本书的论证中将可以看到，在此情形下，这种结果是势所必然的。

用。于是，人们便自然地涌向这些行业，从而在土地的耕种以及其他各行各业、各种制造业和自由职业之间建立起如事物的本性所一清二楚地表明的那种比例。近年来地租的上涨，和其他任何物品一样，纯粹是由对土地的需求过大引起的，并且表明了，倘若人们能如愿以偿，获得更多的土地，而不必抬高地租，世上万物便会遵从造物主的安排，应该而且必然会自行运转，因为这正是造物主为了人类的生存和幸福而指出的一条适合事物本性的道路。

现在我要论证，禁止现行铸币的出口对国家必然是个损失。因为我们根本无法输出货币、金银条块或者外国铸币，除非我们从别国买进的货物在价值上超过它们向我们购买的货物；在这种情形下，那些国家就迫使我们把货币、金银条块或者外国铸币运送给它们，否则，我国只得干脆和它们断绝通商往来，但是，我认为后一种情形是不可能出现的。如果因为我国禁止硬币出口，我就不得不先购买金银条块或者外国铸币，出售者则必然可以从中获取一笔利润，也就是说，我必须支付较多的我国硬币，得到的金银条块或者外国铸币却反而更少，当我的客户收到这些金银条块或者外国铸币时，在他看来，其价值和重量、纯度相同的我国硬币却毫无区别。当我们继续需要金银条块或者外国铸币，以便向别国支付贸易差额时，出售者又会将它们运回我国市场，加上海运费、海上风险补偿费、来往信件的邮费、手续费以及他的利润，其要价必然会进一步提高，除非我们熔化本国硬币，以避免这种损失。假设上述种种费用造成2%的损失，如果禁止我们根据贸易差额的需要自由输出我国的现行货币，那么

显而易见，金银条块或者外国铸币[①]经过50次来回，我们便等于多支付了整整一笔资本。于是，我国的现行货币在国内和国外都必然将被熔化，因为熔化后其价值要比原来的硬币增加2%。我们和某个国家的贸易逆差越大，引起损失的金银条块或者外国铸币的来回运输越频繁，毫无疑问我们的铸币被熔化得也越快。如果我们允许我国的现行硬币自由输出输入，金银条块或者外国铸币便反而不如我国硬币值钱，因为它们的纯度和价值不大容易广泛地为人们所识别。因此，如果我国的贸易出现顺差，金银便会输入，并且必然将被送进造币厂铸成硬币，以表明其纯度和价值，只要政府不仅自己出资铸造硬币，而且从国外收到多少金银，便立即发行多少盎司硬币。政府将拿来铸造硬币的金银价格固定下来，其荒谬和炮制一项法律以确定其他任何商品的价格，并不准其变动，实在不相上下。

由于贸易是上下波动的，如果我们允许我国货币按照贸易差额的需要自由地流进流出（否则，我国货币既不能输出，也不能输入），又由于金银条块的价值必然小于硬币，因此可以肯定，外国人将把凡是容易找得到的我国货币全部购买下来，因为虽然我国的货币在他们中间不如其本国货币值钱，但是，在同我国结算时，属于我国的货币却比金银条块或他们自己的铸币价值要大。这一定会在很大程度上防止我国的货币在国内和国外被熔化，从而也避免了铸造大量货币的麻烦和费用，我国的大量货币原是由于我们的贸易出现逆差而流到其他国家的，现在一旦

① 原文为外国铸币的金银条块，似有误。——译者

与它们的贸易往来有了转机，出现顺差，便又会物归原主，回到我们手中。我已经证明了，如何能够确保这种局面的出现，即增加我国的农产品和制造品的数量，从而（不可避免地）降低其物价，提高其质量，以促使外国大量增购我们的商品；另一方面，我国农产品和制造品量既丰、价又廉，阻遏了舶来品向我国的倾销，因此，我国的外贸将出现顺差，其他国家则必须向我们支付货币。我国唯有通过这条途径才能获得金银，即在我们中间流通的货币，对于任何一个没有金银矿山的国家来说，世界上舍此也找不到别的获取金银的方法。所以，这条途径应该引起每个贸易国家的密切关注，因为遵循了这条途径，不仅能获得货币，而且能促成贸易的繁荣，增强政府的实力，增进人民的幸福；否则，贸易必然委靡，人民一定贫穷，于是，赋税成为一项不堪忍受的负担，结果政府自然也变得孱弱无力。

我认为这与我们的关系尤大，因为外国人对于我国的公债券和募集大笔款项的基金甚感兴趣。我国的货币的现行利率尽管在我们看来很低，但是，却超过了他们在国内所能获得的利率。而我国的国会债券又信用可靠，从不违约，人人对它都充满了信心。外国人之所以把自己的货币存入我们的基金，原因即在于此，正如所有的商品（货币其实也只是一种商品）过去始终能、将来也永远会找到出价最高的市场。但是，他们将利息抽回国内，在促使我国现金减少的过程中，实在起了不小的作用。

还有一个因素，可以用来进一步证明我们应该准许我国的现行铸币，根据贸易差额的需要自由地输出输入，即：如果我国对另一国的贸易出现顺差，这个国家与第三国的贸易出现顺差，而第三国与我国贸易又出现顺差，那么，第三国便可能会将我国的货币转手支付给对它有顺差的国家，因为它即使输出自己的现行铸币，对于接受的国家来说，这些铸币和我国的铸币一样也只是一种外币。因此，倘若我国对任何一个曾经收到过我国货币的国家的贸易出现顺差，我国的货币就会如我已经说过的重新回到我们手中，因为如果它们支付给我们的是金银条块或者本国通用的硬币，这些东西倒反不如我国的货币那么值钱，那么容易为人们所接受。于是，我国的货币不仅在国内，而且在国外也能免于被熔化。我认为，这便是可以用来论证我们应该允许铸币随着贸易差额的变动而自由输出输入的又一个有力的论据。

本书伊始便确立了一条准则：哪里有金银矿山，那里的金银（即货币）就最多。现在，鉴于我正在讨论的是关于禁止输出我国通用的铸币的问题，暂且假设，自己拥有金银矿山的人民，由于单凭本国的生产便能获得生活必需品和生活享乐品，就自以为禁止金银的输出，不仅是理所当然的，而且也是完全力所能及的。但是，实际上却无疑是办不到的。我认为，假如这样的国家果真禁止金银的输出，同时又继续开采金银矿山，持续不断地生产日益增多的金子和银子，那么，转眼之间这两种商品就会堆积如山！但是，金银除了可以换取真正的财富，即生活必需品和舒适品之外，几乎别无其他用途，而现在，金银普遍地就是用来和这种财富相交换的。因此，作为商品的金银不断增加，充溢泛滥（最后，反而因数量太多而流通不畅），难道不会迫使人们为购买必不可少的土地的产物和果实而按比例地多付出金银吗？难道不会由于金银数量的增加而降低其价值，从而赐给世界其他各个国家以可乘之机，鼓励它

们带着自己的农产品和制造品进入这里的市场吗？它们能够并且愿意以大大低于当地人生产的同样物品的价格出售自己的产品。正如任何一个国家如果有哪一种商品多得过了头，一旦脱手，反而会有如释重负之感，金银出产国必然也会发觉，只要继续开采矿山，继续生产金银，减轻金银的负担倒是一件好事。只要它们不停止采掘，当金银不断增多，竟然成为累赘时，它们就将迫不得已，而且不可避免地放弃农业和制造业，因为当人们只要从自己多余的金银中略微拿出一点，就可以毫不费力地去换取需要的物品时，再想去引导他们为获得这些物品而辛勤劳动就难以如愿了。在此种情形下，假设他们放弃农业和制造业是再自然不过了，因为用他们已经嫌多的金银去换取物品，简单易行，相比之下，自己亲手从事耕种、进行制造，却是最费时、最吃力的办法。但是，放弃农业、制造业，就会失去从事农业，特别是制造业的大部分技艺。西班牙便是一个例证，人们认为西班牙就是仅仅因为获得了西印度生产的财富而丧失了大部分手艺，于是成为一个贫穷的国家，成为将金银传递到世界各地的流通渠道，其他国家则正在凭借自己制造的价格低廉的商品，从那里获得不可计数的金银，连西印度的金银矿山差不多也供不应求，难以满足西班牙人的需求了。这种情形，西班牙人虽然也知道，但是，实际经验告诉他们，这种情形是他们无法加以阻止的。

任何一个国家，只要拥有大量的真实的或者人造的现金，足以把商品的价格维持在远远超过周围各国的同样物品的价格的水准上，便会出现在某种程度上非常相似的情形。由此，显而易见，各种禁运措施最终都是于贸易有害的，因为它们会引起诸多弊病，而其目的则始终是为了限制货币流出本国。

但是，我必须承认，我完全赞同尽可能地遏制一切外国商品的输入，然而，不是通过国会立法，国会立法绝不会对贸易产生任何的裨益，而是通过以低廉的成本自己生产各种商品，使得其他国家不可能从向我们推销同样的商品中获得什么好处。对于我们不愿输入的舶来品，这是唯一自然而有效的禁运方法。所以，我祝愿世界各国都为此而全力以赴，因为采纳这种方法，万物就会充裕，从而人类也都可以安享幸福，只要这个世界能够使人类幸福。

现在，我想略作几点归纳。

第一，一个国家金银充盈丰裕，抑或货币寥寥无几，倒是无足轻重的，只要千方百计大规模地努力生产各种物品，充分扩大现有货币的流通，推动各行各业贸易的进行，以便全面地雇佣和供养所有的人民，就必将使他们人人幸福，并且由于能以低于邻国的价格生产和出售农产品和制造品，而使他们的对外贸易蓬勃发展。任何一个国家只要开垦足够的土地，都完全有能力做到这一点。除非人口多到土地无法供养的程度。当时土地的需求促使地租上升，最后，必需品的价格也迅速提高，劳动者凭自己的工资购买不起为抚养家庭所必需的物品，然而又没有剩余的土地可供开垦，以便铲除祸根，于是，随着穷人的贫困化，各行各业或多或少都将受到影响时，就可以清楚地看出国家处于地少人多的状态。在这种情形下，除了将人民迁徙到他们能够获得足够的土地以养活自己的国家外，别无其他的补救之术。

第二，一国的人民是将所得全部消费殆尽，抑或是省吃俭用，刻意积蓄，对该国的贸易也是无足轻重的，只要不至于入不敷出就可以了；一旦入不敷出，人们便无法恪守相互之间的契约和合同。因为一国贸易的基础不在于人民是俭是奢，而完全在于为耕耘土地所雇佣的人口和从事其他各种职业的人数，应该形成一个比例，使得作为人们劳动的终极目的的生活必需品极大地丰富起来，即使最贫贱的人也能轻而易举地获得足够的衣食住行，因为人类的（包括和平在内的）一切幸福的源泉便是生活必需品的丰裕。当我们自己丰衣足食，要什么有什么时，当我们能廉价地出售农产品和制造各种产品，使邻国几乎不得不向我们购买时，我们难道还用得着各执已见，或者操戈赴戎，或者祈求上苍，保佑我们的军旅，降祸邻国的百姓吗？我们与外国的贸易能达到这步田地，就是最好不过了，其他有关我国贸易的一切条款和协定即便不是纯粹的多余之物，也差不多是不必要的。于是，我们便能与世界各国和睦相处，只要它们不直接或者间接地攻击我们或者掳掠我们，否则我会担心，许许多多的人将遭杀身之祸，这是不言而喻的，因为战争必然会给双方带来重大的破坏。如果每个国家都孜孜追求上述的目标，那么，不仅谁也不会危及谁，而且各国都能对全人类的幸福有所建树。

我已经说明了，富裕与和平自始至终是相辅相成，相互促进，密切相关的，现在我要阐述如何在各种各样的情形下避免战祸，当一国的财物和领土遭到别国的劫掠和侵占时自然是个例外；而那些玩弄战火的侵略者，是人类最可恶的仇敌，最凶残的刽子手，他们造成重大的灾难，理所当然要受到鞭笞和谴责。

我绝不是想让任何一个国家俯首帖耳，随随便便地将自己在贸易中名正言顺地拥有的点滴优势拱手放弃；不管谁，若想抢夺他们的优势，侵占他们的正当权益和财物，便必然会遭到武力的惩罚。

但是，我们不要轻易地被人拖进战争的泥淖，因为战争是人类所面临的最深重的灾难之一，其结局如何谁也无法逆料，其负担（即公债和赋税）一代人是难以解脱的，即使接踵而至的也许是一个长期的和平的时代。至于战争还常常造成满目疮痍，有时还使一些国家被迫屈膝称臣，受尽掳掠，就更不用说了。有鉴于此，所以我认为，如果不挑起战端就无法保持一个重要的贸易点，而一旦卷入战祸，我们既不能稳操胜券，又无法决定战局之续停，那么，我们宁可放弃那个贸易点，也不应该轻易陷身于战争之中。

各国为贸易点而你争我夺目的究竟是什么？唯一的动机难道不就是为了从中所能获得的货币吗？

如果各国农产品和制造品的价格随人民所拥有的现金的增加而提高是一条正确可靠的原理，如果我们深谋远虑，为避免战祸而放弃一个曾经为我们提供货币的贸易点，那么，根据我上述的原因，由于失去了这样一个贸易点及其供给的货币，国内的各种物品的价格必然急剧下降，我们就可以将比以前廉价得多的农产品和制造品，销售到那些从我们手中夺得贸易点及其提供的货币，从而大大提高国内市场价格的国家中去。倘若我们确实能急剧降低农产品的价格——我已经证明了这是不可避免的，我们就可以迫使那些国家接受我们的农产品，并在它们的市场上普遍地打开销路，取它们以前自己生产的或者从其他国家进口的物品而代之，同时，又可以阻止它们将产品大批运进我们的市场，我国的各种产品货源充沛，因而价廉物美，其他国家的昂贵商品根本无立足之地。于是，我们与这些国家的贸易就将出现顺差，以它们为渠道，货币又会重新流回到我们国家，而先前它们从我们放弃的不少贸易点中夺取了那些原应该属于我们的那些货币。

如果真有这么一条途径——事实上毫无疑问也的确是存在的，任何一个国家只要小心翼翼地遵循这条途径，就能维持和平，发展贸易，避免战争；为了商业的缘故而诉诸武力，该是多么邪恶，又是多么愚蠢，因为在我们看来，凭借和平的方式贸易是可以得到更有效的促进的！我认为，这便是造物主的精心安排，启迪我们人类如何可以在全世界既开展贸易，又维持和平，用不着为了一方面中断或破坏另一方。

第三，完全彻底地实践上述建议，显然是防止我国羊毛秘密输出的唯一自然的方法。为了阻止羊毛的秘密输出，我国已经制定了凡是能够设想得出的最严密的法律条文和最严厉的处罚条款，谁要想获得羊毛，谁就得一路上克服重重困难，摆脱种种障碍，为此就必须花费庞大的开支，有时还会丧失正在千辛万苦进行偷运的羊毛。那些国家通过走私获得的我国的羊毛，价格显然比我们制造商手中的同样的羊毛要贵得多。如果它们的人民的生活费用不远远地低于我们，它们就无法以廉价的劳动从事生产，从而就不能阻止我们向它们输送制造品。但是，事实上它们的生活必需品比我国便宜得多，因此，即使由于上述种种原因，它们在羊毛上花费的成本比我们要高出一大截，然而，自己生产各种制造品却还是

可以比从我们手中购买要来得划算①；这不但导致而且加剧了我

① 亚茅斯的本杰明·沃特先生对国外毛织品生产这一重要行业似乎非常熟悉，他在《关于毛制品生产状况》* 一书的第 4 页上写道："可以肯定，欧洲没有一个国家制造各种商品代价像我国那样昂贵，这极大地有利于其他国家销售自己的制造品，并促使它们在同差不多世界各个国家的贸易中与我们展开竞争。"往下一点，他又说道：10.5磅羊背上的羊毛可以生产一件重 8 磅的羊毛衫(Calimanco)，我国制造商为购买羊

毛大约	镑	先令	便士
需花费	0	6	0
做工需要	1	4	0
每件成本合计	1	10	0
诚然，外国人为了获得同样数量的我国的羊毛，必须支付高出 1 倍的价钱，即	0	12	0
但是，生产同样一件羊毛衫(Calimanco)，他们的做工却只有	0	12	0
合计	1	4	0

也就是说，他们能够而且事实上也的确是以比我们低 20%，即 6 先令的单价出售产品，其做工之便宜可以和我们制造的任何物品相比。在第 9 页上他又指出："因此，如果我们不打算在对外贸易中遭到排挤，就绝对必须竭尽全力，降低我国商品的价格。"

我认为，我们唯有将我国生活必需品的现行价格降低一半，我国的劳动价格才能和危及我们的各制造业或者各贸易部门的任何一个国家同样低廉，而遵照我所提出的建议，我们是完全可以将物价降低一半的。于是，我国的国内外贸易所受到的丝毫损害都必定可以得到解除，各阶层人民手中的货币也就会充分富裕起来。这些都是不言自明，不言而喻的。

伊拉斯·菲利普斯先生在他的著作的第 8 页上说道："随着劳动价格的降低，羊毛的价格也一定会下跌。荷兰和法兰西之所以一直认为自己动手建造织机是值得的，在很大程度上，就是因为我们羊毛制品太昂贵了，然而它们自己生产羊毛制品，对我们造成的损害却是巨大的，如果不是无法补救时话。法兰西已经取得了显著成效，对我们的服装似乎不再有进一步输入的必要了。荷兰也业已发现了这一贸易奥秘，先购买我们的衣服毛坯，如果允许我使用这一术语的话，然后以远远小于我们的成本进行染色、修整，因此，能够以比我们低的价格出售用我们的原材料生产的商品。"

* 亚茅斯的本杰明·沃特著：《关于毛制品生产状况》，R. 福特公司出版，1731 年版，第 27 页及以下。帕尔格雷夫·麦卡洛克或者《国民传记词典》未曾提及本作者，但这本小册子被收在马西的《贸易论的目录》之中。(第 2801 号)

国羊毛的走私，使那些由此而得到我国羊毛的国家，能用我国的羊毛制造出各种产品，然后在国际市场上和我们竞争，因为他们的生产成本比我们低。我甚至可以预料，如果我国的生活必需品价格迟迟不跌，制造商找不到廉价的劳动从事生产的话，一旦他们有办法将这些产品输入到我国，就有可能把我们从自己的国内毛织品市场排挤出去。

但是，倘若我们降低食物和饮料的价格，以便能够使用和其他国家一样廉价的劳动从事生产①，并以便宜的制造品向它们销售，从而阻止它们像现在所不得不做的那样，为了获得我国的羊毛而历经千辛万苦，花费巨额开支，我国的羊毛走私也就会自行停止。

这是杜绝羊毛走私的自然方法，所以，我认为可以肯定，要拯救或者促进英格兰的羊毛制造业，除此之外，别无其他出路，因为只要我国的生活必需品像现在这样昂贵，绝大多数国家的劳动成本一定会比我们便宜得多②。如果它们因此而当真能在差不多是

① 绝不能为此而使劳人生活更困苦，或无法满足适合他们社会地位的合理需求。否则，因为穷人构成了人类的大多数，他们的生活受到影响，一般物品的消费就会锐减，在其他人民中间的贸易就会萧条，因此，生意清淡，民不聊生，租金受到的损失也就更不堪设想。总之，必须通过正确雇佣穷人的途径来降低劳动价格，即雇佣穷人耕种土地，以增加农产品，使他们既能按适合自己社会地位的标准恰当地满足各种需求，又能廉价地提供自己的劳动，从而使得农产品及制造品和任何邻国所生产的、在任何一个贸易领域同我们展开竞争的任何一件商品一样便宜。

② 如果认为，强迫吃救济的穷人到各制造业中去干活，而不再供给他们以资助，我们的制造品的价格便会下降，这就大谬不然了，因为在此种情形下，穷人们不久就会自己相互压低劳动的价格，使自己饿死，于是，不管他们从事什么工作，都只得放弃。而那些制造品又要回复到足以支付各种费用，并且养活劳动者的价格水平，否则，就必须停止生产。

唯一的那个天然属于我们的贸易领域中和我们竞争，我国对外贸易的其他领域所必然受到的损害就更是难以想象了，此外，劳动成本的低廉还会刺激它们将各种商品直接卖给我们，而我们的各种商品却太贵了，在劳动成本比我们低廉的任何一个国家的市场上都不会受到足够的欢迎的。

要发展我国的羊毛制品，自然应当降低它们的价格，以使国内许多衣衫褴褛，甚至几乎赤身裸体的穷人，可以比较容易地添置衣服，并且使许多其他人可以比现在更频繁地改换行头，我想，从眼下的情形来看，他们是能够做到这一点的。但是，为降低产品的价格，非雇佣更多的人耕耘土地不可，务农的人一多，物品的价格便会降低到令我们满意的水准，人民就能够购买足够的衣服以抵御寒冷的气候，适应季节的变更，更有许多人可以梳妆打扮得衣冠干净，楚楚动人，但是，现在他们却衣不蔽体，而又无可奈何，这不仅对于我国，而且甚至对于人类本性都是个无法弥补的耻辱。

我认为，到那时，目前躺在我们仓库里无人问津、逐渐腐烂衰坏的羊毛制品，必然会有人购买和使用，制造商们生产多少就能销售多少，于是，我国政府就可以省掉现在为阻止羊毛走私而雇佣官员、船只所花费的各项开支，羊毛在我看来绝不是一件无关大局的物品。

国内羊毛消费量增加，将会大大减少羊毛的剩余，从现在的情形来看，如果没有外国人秘密地走私我国的羊毛，羊毛的过剩是会压低羊毛的价值的。这在促使我国绅士先生们为了让牧羊人有能力缴纳地租而对羊毛走私袖手旁观方面，所起作用之大，我就请诸位自己去深思吧!

第四,完全彻底地实行上述建议,将使人们投入当农产品的增加达到为实践我在本书中追求的目标所必需的程度时,一定会应运而生的贸易活动中去,并从中获得更高的利润,因此,能够减少小商小贩,减少现在已经人满为患的各行各业中的从业人员。

倘若每年新开垦大量荒地,以便和人类的自然增长率保持一致,我业已证明了为此目前每年至少需要开垦86平方英里土地;倘若在这基础上,再增加耕地,以便大幅度地降低生活必需品的价格,并因此而有效地大幅度地降低穷人现在的劳动价格,那么,穷人缺乏的就业机会就将剧增,他们就不会像现在那样因为无法自食其力而成为公众的包袱,他们和许多其他人的消费量反而会远远超过历来的水平,为了满足这种扩大了的消费需求,大量的各种物品也就会生产出来。于是,由于每年持续不断地开垦大量的荒地,农产品有了惊人的增加,这就为店主和其他商贩创造了广泛的贸易活动机会,不仅可以经营农产品,而且可以在国内用这些农产品加工生产出形形色色的制造品,供国内消费,或远销国外。我认为这种情形迟早会为经营各种商品的商贩提供远远超过目前存在的、和在实践我的建议之前能够存在的做生意的机会。今天,许多小贩为了糊口,躬腰曲背,肩负着大大小小的包袱,在乡村奔波,有时走上几英里路,经历了种种艰辛才找到一家农舍,然而,结果往往还做不成一笔交易。生意一兴隆,这些商贩就完全能够在自己的住地或者附近的市场做买卖,除了不必再饱尝风餐露宿之苦以外,还可以节省掉难以避免的浩大开支,其他人也用不着像他们现

在所迫不得已的那样再去颠沛跋涉从事叫卖的行当，因为到那时，叫卖既无必要，又得不偿失。

因此，倘若上述建议得到实施，商贩必然会骤减，不再给店主构成威胁，而且国会接到的各地店主对他们的指控以及在城乡叫卖商品这种活动的本质都证明了，商贩不仅危及店主，而且危及房东，现在如此，将来也一定如此，因为他们使店主丧失了缴纳房租的能力。

上述建议既然是减少商贩和为数过多的其他各类商人的唯一的自然的办法，因此，我相信它便也是能够铲除叫卖商现在给绝大多数行业所带来的祸害的唯一切实可行的途径；因为几乎在各行各业，甚至使用了大量资本，它们不能把商品随身带来带去，就进城市、下农村招徕顾客，这已成了惯例，不仅不明不白地减少了大量贸易利润（商品叫卖一盛行，这就势必成为不可避免的后果），而且使每个为了在贸易中占一席位置，不愿干坐在家里，听任别人把顾客拉走的商人遭受惨重的损失。此外，通过这种手段招徕的顾客常常处境困窘，迫使商人让他们倒账，而且倒账的次数既多，数量又大，倘若商品不用这种非常的手段推销出去，情形远不会如此。但是，一旦执行了我在本书中提出的建议，上述的一切祸害都可以铲除，而维持自己的店铺的生意将成为每个人的主要利益所在，因为那时他的店铺完全能够维持他的生活。

第五，完全、彻底地实施上述建议，将在很大程度上防止贸易中提供长期贷款和出现倒账的现象。

长期贷款增加了贷款数目，因为时间越长，人们需要的商品也越多，借用的款项就要远远超过短期贷款。而巨额的长期贷款极大地刺激了倒账，我想这不仅是大家有目共睹的现象，而且是大家有切肤之痛的经验。因此，如果贯彻上述建议能在一定程度上防止发放长期贷款，那么也就可以在很大程度上防止倒账的出现。

提供巨额的长期贷款，唯一的起因无疑在于某些行业的从业人员太多了，他们发现，要想出售自己的商品，并从中获得些什么收益，就不得不大量发放长期贷款。如果我所竭力举荐的为商人创造更多的商业活动的方法得到实施，发放大笔的长期贷款的现象基本上就会消失，因为那时人手减少，经营的商业活动反而增多，在这种情形下，也唯有在这种情形下，商人才能够精心挑选提供信贷的对象，而现在，不管什么人、不管将来有钱偿债的希望多么渺茫，只要愿意购买商品，他们差不多都不得不竭力招徕，以满足其需要，至于贷款数量、还债迟速，悉听顾主尊便。因此，不仅货币回收非常缓慢，而且不少商人，开张伊始，很有起色，到头来却损失惨重，甚至一败涂地，要不是不幸身处逆境，他们的生意原是很有可能越做越兴隆的。

此外，我主张的做法必定会使一般人的境遇大为改善，于是，发放长期信贷的需要就不那么迫切了，倒账的风险和现在相比也将微不足道，而目前，普通老百姓经济拮据，生活窘迫，不得不告借大笔的长期信贷。到那时，即使商业中流通的货币大大减少，其足以应付的交易量或收益额也将远远超过大量的长期信贷充斥着各个行业的时候。一个行业只要从业人员泛滥，就必不可免地会出现长期信贷充斥的情形。

也许有人会说，发放长期信贷是因为赊卖的商品过剩，而不是由于经营这类商品的人员泛滥。

但是，既然正是由于雇佣的生产人员太多，赊卖的商品才会过剩，以至于卖不出去，因此，发放长期信贷起因归根结底依然在于各地的就业人员过多，生产过度。

然而，在我看来，直接的生活必需品的生产是绝不可能过剩的，因为生活必需品数量一多，价格必定下降，而价格越低，各阶层人们就能够更容易地获取更多的生活必需品，消费量也就越大。人类不管从事何种职业，其劳动的最主要、最终极的目的就是为了获得生活必需品，所以，生活必需品就成为其他一切物品的富足、廉价及其消费的首要基础。如果人民一般连最基本的生活必需品，即食物和饮料都很难获得，那么，各种各样的制造品即使再多，又有何用处？

生活必需品数量一多，其价格就下跌，随着生活必需品的价格下跌，地租必然下降，我在前面还证明了，所有其他物品的价格也会因之下降，而且下降的幅度要超过地租。现在，我仅作如下补充，既然万物归根到底都起源于大地，土地就永远会生产出由在人民中流通，并和普遍福利相一致的现金所自然能够承担的地租；土地承担的地租若超过这一限度，最终必然会不仅使普通人民陷入极端贫困之中，而且还会殃及绅士先生自己。近年来，许多农场主因无力缴纳地租而放弃了农场，这一可悲的事实便是充分的证明。正如前文已经清楚地论证过的，物价必然受人民中所流通的现金数量的限制，土地地租无疑也是这样。

因此，我得出如下的结论：正是普通人民中间的货币极端匮乏，才不可避免地促使各种物品的消费量急剧地减少，农产品的价格因而也无法提高到足够使农场主在支付各种生产费用和生活费用之外还能缴纳应该缴纳的地租的程度。

第六，完全、彻底地实施上述建议，便能极大地鼓励青年结婚成家，因为那时维持家庭生计要轻松得多，婚姻生活也可以避免今天普遍存在的种种令人沮丧的难处，而目前，由于物品缺乏，就业不足，已经结婚成家的人们就无法以与各自的身份和地位相称的水准养家活口。

经常强加结婚姻状态的种种指责，便会随着作为这些指责的普遍基础的生活困境的改善而销声匿迹，我们就可以吟唱起密尔顿作品第 4 卷中的诗句：

欢呼终成眷属的恋爱，
你是人类繁衍的真实源泉和神秘法规！
人类虽与禽兽同侪，
你却把淫欲逐出人的心怀。
你把纯正的孝悌之道吹进父子、兄弟的脑海，
启迪他们真诚相爱。
这里爱情在歌唱，爱情是主宰，
射出他金色的利箭，
点燃他不息的火光，
展开他华丽的翅膀。
卖笑女却淡漠又寡欢，
无人眷恋无人爱。

完全彻底地实行了上述建议，人们向青年女子索讨的钱财就可以大大减少，因为那时，一方面，较少的钱反而可以购置较

多的物品，另一方面，各行各业都有更多的生意可做，青年男子再不必像目前打算娶妻成家时所不得不做的那样向新娘索取大笔钱财。

我相信，当前不少人的推测——商人中差不多有 1/4 是单身汉[①]，并非是毫无根据的，而到那时我们就会发觉情形完全改观了。现在独居不娶的男子如此之多，我认为原因在于大量的女子卖身青楼，要卓有成效地解决这个问题，除了减轻维持婚姻生活的经济负担之外，是没有其他办法的。

我所倡导的建议，既然不可避免地会减轻维持婚姻生活的经济负担，所以，它同时也一定能提供更多的各种各样的职业，从而极大地增加人们的收益。

我进一步考虑的是如下的事实，和每 100 个女子相比，男子大约多 7 个。如果女子都已经和人结成伉俪，那么，每第 15 个男子只得单身独处，因为没有女子可以和他成双结对了。而且巾帼禀性端庄，胜过须眉，爱情诚笃，原出天然，远非上流社会男性的勇武所能造就的。有鉴于此，除了许多男子避免结婚外，我实在找不出别的原因，来解释以卖笑为生的女子何以会比比皆是。然而，男子独身倒并非如他们口口声声所说的，是为了自由自在、无牵无挂(事实上，他们常常是很可怜的，听任淫妇、疾病的摆布)，而是为了摆脱婚姻生活所不可避免地要带来的沉重的经济包袱，他们想要供吃供穿，让孩子们过上像父辈当初所过的那种优裕生活，其可能

① 说单身女子多，我相信是很容易为人接受的；但是，说单身男子更多则也是确实无疑的，因为从数量上看男性要远远超过女性，这一点下面我就要加以论证。

性简直微乎其微。

但是，这种愿望实在是无可指摘的，我不得不把它称为天下最值得歌颂、最值得称道的动机向世人举荐，希望男女两性永远恪尽职守，竭力而为，同时，永远保持善良和纯洁，不使品性受到玷污。

我在本书中制定的诸条准则完全能够指导人们永保心地善良；至于纯洁，我得诉诸女性，愿她们念念不忘，时时想到并彻底领悟，贞洁原是与女性声誉攸关之事。而上苍为维护女子的贞洁，将男女比例巧加搭配，是何等睿智英明。她们尽可放心，男性中每第15个人即使能够，也绝不愿意单身独处；所以，对于女子的需求（用商人的口气来说的话）必然相当大，只要她们心甘情愿，便人人都可以择夫而嫁，而如果她们聪明贤淑，矢志信守声誉，维护贞操，对于自己不忠爱的男子，则完全可以拒绝委身于他。

女子们既然从本书中获悉，男性远远超过了女性——不然的话，女子倒是危险重重，很可能屈于人欲，作出不名誉的事，我就希望她们严加防范，不让花言巧语，阴谋诡计得逞，而只坚持现在是而且永远是最高尚体面的合法婚姻的原则。

由此，我们可以看出，妓女给社会带来的危害有多大。仅仅因为有人卖淫，才使得活活守寡的女子到处可见，又给人类的繁衍招致极大的障碍，从而褫夺了许多人原可以从事的由人类繁衍所派生出来的职业，还迫使许多妇女去从事各个行业的工作，这些行业原本应该让男子独揽，并为他们提供丰厚的薪金以抚养妻室儿女，妇女一旦纷纷介入，工资就会降低；而不少女子，理应在家照看孩

1650 年至 1689 年(包括该年)40 年间死亡记录册中受洗礼的男女人数统计表。从表中可以看出，男性超过女性的人数和我的说法相吻合。统计表还足以证明，死亡记录册中 1689 年的人数是 1650 年的 2 倍；因为受洗礼的增加了 1 倍多，所以，我认为就完全有理由得出尼高斯博士在前面所坚持的结论：人口翻了一番。

年份	受洗礼的男性	受洗礼的女性
1650	2 890	2 722
1651	3 231	2 840
1652	3 220	2 908
1653	3 196	2 959
1654	3 441	3 179
1655	3 655	3 349
1656	3 668	3 382
1657	3 396	3 289
1658	3 157	3 013
1659	3 209	2 781
1660	3 724	3 247
1661	4 748	4 107
1662	5 216	4 803
1663	5 411	4 881
1664	6 041	5 681
1665	5 114	4 853
	63 317	57 994

年份	受洗礼的男性	受洗礼的女性
1666	4 678	4 319
1667	5 616	5 322
1668	6 073	5 560
1669	6 506	5 829
1670	6 278	5 719
1671	6 449	6 061
1672	6 443	6 120
1673	6 073	5 822
1674	6 113	5 738
1675	6 058	5 717
1676	6 552	5 847
1677	6 423	6 203
1678	6 568	6 033
1679	6 247	6 041
1680	6 548	6 299
1681	6 822	6 533
	99 447	93 163

年份	受洗礼的男性	受洗礼的女性
1682	6 909	6 744
1683	7 577	7 158
1684	7 575	7 127
1685	7 484	7 246
1686	7 575	7 119
1687	7 737	7 214
1688	7 487	7 101
1689	7 604	7 167
	59 948	56 876
	99 447	96 163
	63 317	57 994
	222 712	208 033
	208 033	
	14 679	

40 年间，伦敦受洗礼的男子比女子多 14 679 人。

208 033/14 679 =14

由此可见，男女人数之比约为 14 比 13，即男子比女子多 1/14，或者说，每 100 个女子大约多 7 个男子，正如我前面所指出的。和全欧洲许多城镇的比较证明，上述数字是具有普遍性的。

子，操持家务，这些本分事已经够她们忙碌了，现在，因为单靠丈夫的薪水不敷开支，便不得不出外干点什么活，挣上几文工资以贴补家用，自己的子女也就无暇顾及了，许多孩子就此夭折，即使幸免于难的，也常常成为终身残疾。

第七，我在本书前文中已经全力论证了，倘若物品富裕了，结果必然是人民中往来的贸易和就业的机会同时增加，一般人民获得人人追求的最终目标——生活必需品就会容易得多，他们便可以改善境遇，安享幸福。虽然根据我前面几条清晰而有力的原理，这些都是不言而喻的，但是，我还要提出一条论据，以证明完全彻底、不折不扣地实施上述建议，各行各业都必然会兴旺发达，而目前，人民的处境普遍局促，其中的7/8，即使在贸易比较繁荣、生意比较兴旺的时期，据《旁观者》杂志第二百期宣称，不是他们本人，就是其一家之主毫无财产积蓄，不得不为了糊口度日而辛勤劳动。

像我们这样人口众多的王国，如果其7/8的人民生活贫困，只享受了他们能够消费和应该消费的物品的一半，王国贸易的盛衰必然会受到重大的影响。对此，我将运用下面列出的关于一个劳动者及其家庭开支的估算来加以证明；虽然这个估算只是针对伦敦劳动者家庭提出的，但是，由于农村劳动者的劳动工资和生活费用都要比伦敦低，所以，为下列估算所充分证明的结论——一般劳动人民只消费了他们应该消费的物品的一半，仍然是成立的。

伦敦一个劳动者及其由夫妇与4个子女组成的家庭的必要开支的估算。我认为这是中等大小的家庭，还有许多家庭的孩子常常超过4个，因此，下列估算是一个劳动者及其家庭最起码的费用。

	每人每日开支		全家每日开支			全家每周开支			全家每年开支		
	便士	法新	镑	先令	便士	镑	先令	便士	镑	先令	便士
6个人的面包		3			4 $\frac{1}{2}$		2	7 $\frac{1}{2}$			
黄油		1			1 $\frac{1}{2}$			10 $\frac{1}{2}$			
乳酪		$\frac{1}{2}$			$\frac{3}{4}$			5 $\frac{1}{4}$			
肉	1				6		3	6			
淡啤酒		2			3		1	9			
块根植物，草木植物，花，燕麦片，盐，醋，胡椒，芥末，糖		1			1 $\frac{1}{2}$			10 $\frac{1}{2}$			
肥皂		$\frac{1}{2}$			$\frac{3}{4}$			5 $\frac{1}{4}$			
针线，别针，毛织品，棉纱带等缝补衣服用品		$\frac{1}{2}$			$\frac{3}{4}$			5 $\frac{1}{4}$			
全家每天牛奶					$\frac{3}{4}$			5 $\frac{1}{4}$			
每天用1支蜡烛					$\frac{3}{4}$			5 $\frac{1}{4}$			
每天用煤					2		1	2			
浓啤酒					1 $\frac{1}{2}$			10 $\frac{1}{2}$			
合计				1	11 $\frac{3}{4}$		13	10 $\frac{1}{4}$			
修理或补偿家庭用品如床褥、被单、台布、拖把、扫帚、刷子、锅、罐等费用，为使便士总数凑成整数，								4 $\frac{3}{4}$			
约为子女的教育费								9			

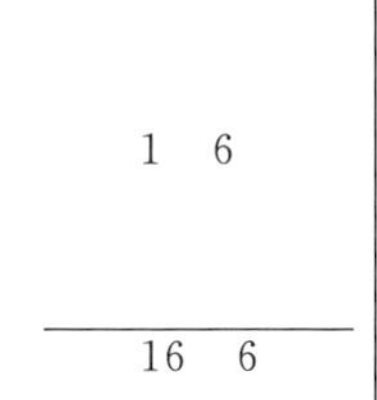

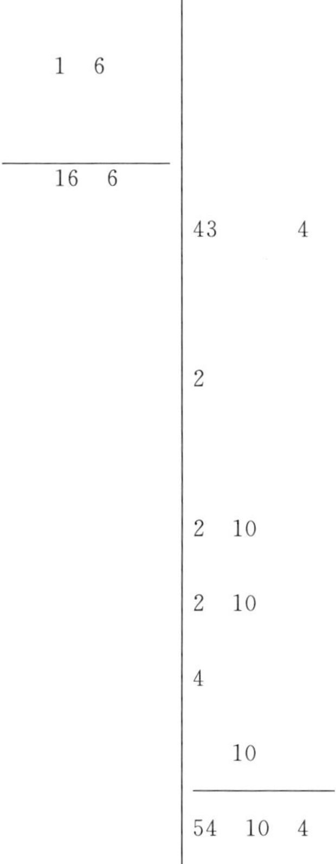

两间屋子的房租，这是一个家庭所能够或者应当拥有的最低限度的住房条件。	1	6			
	16	6			
			43		4
主妇生产和生病期间的额外开支及雇佣的女仆的工资和食物约为			2		
丈夫的亚麻、羊毛等各式衣服及鞋袜约为			2	10	
妻子的服饰			2	10	
4 个孩子的衣物，每人每年 1 英镑			4		
全家每年的医药费				10	
全家每年的必要开支			54	10	4

如果有谁认为估算中的家庭穿着大消费了，那就请他们考虑一下，倘若不允许 7/8 的人民享用如此微不足道的一点点服饰，那么，生产这些制造品究竟还有什么意思？

如果又有谁认为估算中的其他费用订得太高了，那就请他们说明一下，这样一个家庭再要节省，还怎么能使用上述物品来满足自己的需要，以便比较体面地维持生活？

如果还有谁竟想把某些物品干脆从估算中划去，我就直言告诉他们，既然不让 7/8 的人类享用，那么，世界上压根就不该生产这些物品。

以上的估算虽然不能说很低，但是，却连社会地位比从事劳动的机匠略高一层的人们为抚养一个同样大小的家庭所必需的生活费用的一半还不到，而按现行的必需品价格计，机匠们用劳动挣得的钱，估算中所列出的各项物品肯定连一半也买不起。

一个劳动者不管有时能挣多少工资，若扣除了由于找不到工作和身患疾病所造成的损失每周还有 10 先令，抑或 12 先令——便是他为自己和家庭所能挣得的最高薪水，但是，合起来一年也不过 26 或 30 英镑，要以最起码的水平体面地养活估算中的一家人也是缺了一半的钱。

由此便证明了，使物品极大地丰富起来不仅是有益的，而且是必要的，因为唯有这样，各种物品的价格才会下跌，穷人受雇佣的机会才能增多，他们的种种欲望才能得到更好的满足，别人也就有更多的生意和业务可以经营。

上述估算也证明了，我一直作为推论的依据，并且认为是理所当然的原则，即：人类的各种需求，只要仅仅按照各人的等级和地位得到充分的满足，就会产生出足够的工作把必须依靠辛勤劳动才能维持生活的人全部雇佣起来，从事物的本性来看，是完全正确的。

因为如果 7/8 的人民的消费量翻一番——从上述估算来看，我认为这不仅是可能的，而且是应该的，那么，关键就在于人类是否能满足自己的全部需求，而不在于人类的需求是否足以给予所有需要工作的人以就业机会了。

这是论证贸易必须自由、必须毫无约束的命题的一个无可辩驳的论据，因为如果一个国家为我们制造商品，我们也必然为它或者别的国家制造另外一些商品，以实现有来有往的交易，只要我们制造自己的商品的成本低廉，能够维持这种通商往来。

如果是这样，每个国家依靠海洋贸易及其相关的各种职业，所能供养人口，远比没有海洋贸易的国家所能雇佣和养活的人口要多得多。否则，人们只得转而去从事农业；于是，要养活同样数量的人口，所需要的土地就会远远超过前面那种情形；人民要致富[①]就很少有可能；有海洋贸易的国家几乎并不令人生畏，其原因我将加以充分的证明。

如果一定数量的经过精耕细作和得到改良的土地，能生产出供人们使用的谷物、牲畜等必需品，假定，仅仅 1/3 人口直接从事农业，而 2/3 人口从事海洋贸易及有关工作；如果人们能够如此维持生活（这一点毫无疑问），同时，他们的海洋贸易不仅仅很有益，雇佣了如此多的以此为生的人口，而且给他们带来了金银——在他们中间除此之外没有别的办法能够获取已经被当作各种交易媒介的金银，而由海外贸易带来的金银不仅以与每个人所完成的交易量相适应的比例迅速流通，一再转手，并且在许多人那里还超过了为他们自己的职业所要求的限度，那么这种剩余便成为他们手中的财富，当许多人因此富裕起来后，这种剩余便构成了所谓的国

① 为使人相信这个结论，我们只要将海洋贸易发达的城镇之繁荣昌盛和农村人口的简朴粗俗作一比较就行了。如果后者也能像城镇中的商人、店主目前那样，不断地生产马车，建造精美的住宅，我才会承认，富裕和强盛与耕犁是密切相关的，任何一个国家都用不着为海洋贸易而操心。

民财富。我认为，一个国家如果能通过上述途径而富裕起来，就必定会国力雄厚，威镇四方。

因此，凡是有利可图的海洋贸易（即能增加国家的现金）一旦中断，无疑将会使一个国家的国民财富削减，国力衰弱，强权受损。而当任何一个部门的海洋贸易导致国内现金减少时，我想，有人就会认为应该提高税率或者实行禁运，以约束和限制该部门的对外贸易，对此我不敢苟同。因为其他各国也一定会采取类似的限制或禁运措施，竭尽全力，绝不让我们在贸易中占便宜，原因在于我们从贸易中有多少得，它们就有多少失；而互相限制必然并且目前在事实上也的确引起海洋贸易的萎缩，各个国家中许多人不得不失业，除了转而从事土地的开垦耕种外，我实在想象不出他们还能有什么别的谋生之道。如果不得不雇佣那些失业的人务农，或者由于下一代的存在而自然而然会产生的同样数量的人务农，单靠以前开垦的土地是不够的，要养活他们，就必须扩大耕地。但是，由于国内贸易在很大程度上以海洋贸易为基础，随着后者的萎缩，前者便将出现萧条，与此同时，国家的海上实力也就削弱。我想借助经验和事实来证实，任何一个国家是否令人生畏，完全取决于其海洋贸易的规模的大小，因此，显而易见，一个国家的财富和实力是与该国的海洋贸易紧密相连的，要长一起长，要消一起消。

但是，如果一个国家放弃贸易限制，又在降低产品价格方面狠下工夫——这不仅是它力所能及的，而且是真正有利于整个社会的，它就可以凭借价廉和质优的特点——这两者是密切相关，不可分割的，至少迫使一些国家购买其商品，即使那些想尽办法，企图加以阻止的国家，我看也不得不接受，从而不仅保护了而且还能够

发展本国的海洋贸易，同时，又可以增加自己的财富，增强自己的实力。

上述论证向一些国家表明了，对贸易的任何限制都是荒谬的，并且给它们指出了为商人造福的途径，既不用采取贸易限制，更不必为贸易而互动干戈。我深信，战争的结果不仅会破坏贸易，而且还会毁灭人类的和平与幸福。

从上面的估算中可以看出，农产品的产量即使翻一番，也一定会被消费掉，因为占人类大多数的劳动者[①]，凭他们现在的工资连估算中为养家活口所必需的物品的一半也买不起。如果有谁说，不是人人都有这么个大家庭的，那么，我要告诉他，许多人的子女甚至还不止 4 个了。而且，不管家庭大小，按通情达理的要求，人人都应该养家活口；因此，每一个人都理所当然地应该能够挣得至少可以赡养如估算中那样一个中等大小的家庭的工资。

但是，我必须指出，如果耕种的土地不增加 1 倍，农产品的产量也绝不可能翻一番，因为现有耕地的产量，一般确实已经达到了极点。所以，只有土地增加 1 倍，现行产量才能翻一番。我的估算则说明了，产量即使提高 1 倍，也将会被消费掉，从而改善各阶层的人们的生活水准，但却丝毫不会改变他们各自的身份地位。

而要使农产品的产量翻一番，为耕种土地所雇佣的人数也必须增加 1 倍。我认为，商业和制造业等如果能腾出一半的人去种田，就必定会使商业和制造业更加有利可图，更加鼓舞人心，只要

---

① 劳动者人数众多，占了全人口的 7/8，为了论述的方便，权且以他们作为全人类的代表。

有如此众多的人员转而去从事其他职业，结果不言而喻必然会如此。因为确定和调节各种物品的价格的是需求，一旦为增加一半耕地和从事由此引起的各种职业所需要的众多的人员脱离商业和制造业，制造商和商人对于他们经营的业务，无疑就可以随心所欲，漫天要价了。总而言之，我们可以看到，倘若形势具有一个如我所指出的良好的基础，所有的农产品和制造品都会有人需要，有人消费，人类的各种需求便会按他们的能力和土地所能满足的程度得到充分的发展。由此可见，人民中缺乏就业，或者贸易萧条，完全是由于我们耕种的土地太少，无法雇佣和抚养他们。

我还想指出，现有农产品的产量至多只要增加 1/4（为此商业和制造业需要腾出足够的人员），其价格就一定会下降一半。

因为在这种情形下，农场必须增加 1/4，土地地租因此就急剧下降，农产品的增加则高达 1/4——我认为这是不可避免的，地租的下降再加上产量的增加，必然将农产品的价格压低一半，劳动价格也一定会随之下降，因为那时和现在一样，劳动者总是必须以最低廉的价格从事劳动的。

其原因在于，倘若如前面所论证的，农产品的产量绝不可能增加 1 倍，因此，劳动者也绝不可能将自己的消费量翻一番——根据我上述的估算这却是完全应该的，而他们即使得到了加倍的消费品，也并没有摆脱劳动者的地位和生活条件，又倘若农产品产量连增加一半都不可能，甚至 1/4 也很难办到，那就必然会迫使他们以最低廉的价格从事劳动，以便尽可能地满足自己的各种需求。然而，在这种情形下，即使由于我们的耕地比现在扩大了 1/4，产量有所提高，劳动者的就业机会也将大大增加，可以占去他们所拥有的全部劳动时间，根据我的估算，劳动者还是不得不竭力紧缩自己的需求，于是便显示出，而且将永远显示下述谚语的真理性：除了穷人的劳动之外，没有一样东西是廉价的。

我的估算还表明，生活必需品的价格必须降低多少，才能削减劳动者的工资，从而为他们创造更多的就业机会，同时极大地增加各种物品的消费量，以便促使商人的生意蓬勃发展起来。

尽管和我列出的估算有出入，我还是相信并且坚持认为，劳动者每周大约能攒 16 先令，就可以养活我估算中那样一个家庭，虽然我不知道，也不想知道，在这种情况下如何估计家庭的预算。我曾经听拥有那样一个家庭的人们说起过，如果每周能挣 16 先令，他们就觉得很幸运了。因此，在我看来，要降低劳动工资，生活必需品的价格应该减低一半，使 8 先令能购买现在的 16 先令的东西。于是，劳动价格便能至少降低 1/4。尽管如此，劳动人民所能购买的必需品，依然比他们的 10 或 12 先令周薪在现行物价条件下所能购买的几乎多一半。我想，谁只要考虑到估算中的费用是微不足道的，他就会承认，尽管有种种反对的借口和意见，凡是勤劳的劳动者，都应该有权获得比他们的现行工资所能购买到的多一半的必需品，以便维持生存，享受生活。在这种情形下，一般人民中的贸易和商业活动差不多就会比现在增加一半，或者迟早会增加一半；此外，还会产生与此密切相关、不可分割的种种巨大裨益，其中不该忽视的一条是，许多原是会导致穷人堕落的诱惑必将被铲除掉。

因为在我看来，原已为数众多的各种小酒店，近年来更是猛烈地成倍增长，实在是劳动者面临的一大陷阱和诱惑。他们遭受的

种种灾难和犯下的累累罪行，绝大多数便是由此孳生出来的。正如酒馆是富人的一大陷阱，小酒店则是穷人的一大陷阱。但是，倘若如上述建议的贯彻所必然会做到的，为穷人创造大量的就业机会，小酒店很快就会成批地消失（虽然我认为，足够数量的酒店我们是永远要维持的）。

前面已经证明了，全面地实行上述建议后，人们能干多少，便会有多少就业机会和贸易活动产生出来。因此，我认为，商人不久便能找到新的谋生之道。与诱使和怂恿劳动者把他们也知道原是劳动者应该省下来给妻子儿女用的钱花掉相比，这些谋生手段即便不是更有利可图，至少是更光明正大一些。他们不但不应该听任劳动者糟蹋自己，把光阴白白荒废掉，而不用来去干活挣钱以养活家庭，若没有家庭，则可以为自己未来的老弱病残和人生中其他的不测风云未雨绸缪，或者资助无依无靠的近亲，而且有责任把那些毫无节制之徒逐出店堂，或者至少不把极其有害于他们、并会殃及他们与别人的各种关系的酒卖给他们。有些生意兴隆的酒店，（便与不少同行背道而驰），不允许人们在自己的店堂里沽酒暴饮，虽然贸易景况普遍欠佳，不论采取什么谋生手段，只要不严重违法，都是无可指摘的。但是，如果要将现行的劳动价格降低 1/4，生活必需品价格则必须降低一半；因为唯有需求才赋予所有物品以价值，并且确定其价格，任何雇佣穷人，并想通过雇佣穷人给别人造就更多的商业活动的些微企图，由于扩大了对劳动的需求，不仅不会压低，反而会抬高劳动者的工资和商人的利润。我相信（一般商人纷纷向国会提出的抱怨和我附上的估算同样充分地证明了），他们需要更高的利润，正如第一个估算所表明的，劳动者需要

超过他们现在的工资所能购买的数量的更多的物品。

也许有人会问，既然对劳动的需求将增加，劳动又怎么会按我所叙述的方式降价呢（因为需求总是提高各种物品的价格）？对此我的答复是，按我所叙述的方式下降的仅仅是劳动的现行价格，而当生活必需品的价格大幅度降低，工资即使减少 1/4，所能购买的物品还是比现行的劳动工资购买的多出大约一半时，按照上述的准则，劳动的价值相反却是提高了。我所唯一追求的目标——降低劳动的现行价格，根据事物的本性是完全切实可行的。因此，为了让人们可以清楚地理解我的意思，现在假设，这样一个劳动者家庭每周约有 16 先令收入，就可以体面地过日子（这是完全可能的），如果生活必需品的价格降低一半，8 先令就可以购买 16 先令的物品，比他们目前 10 或 12 先令的工资所能购买的东西至少增加了 1/3；所以，虽然劳动的价格降低了大约 1/3，但是，与此同时，其价值却提高了 1/3。

我们如果真要做到这一点，就必须尽快地开垦大量的荒地，以便把商业和制造业可能腾出来从事农业的人手全部雇佣起来去务农。一个国家便是全体人民的一个庞大的集合体，倘若我们做了些使人人都能感到其好处的事情，那我们办的准是了不起的大事；而把生活必需品的价格降低一半，更是一项壮举，我想我已经证明了，这对于降低劳动的现行价格，同时供给劳动者以维持适合自己生活水平所必需的生活品，从而为其他人创造更多的经商机会都是绝对必要的。否则，贸易不可能全面地繁荣起来，因为消费是贸易的唯一基础。从我以上的论述中还可以看出，既然穷人的劳动便是商人的财富，所以，在穷人具有可以挣得我希望他们挣得的物品的能力以前，贸易就会兴旺起来。如果给用蹄脱谷的牛戴上口络算是不近情理，那么，那些使得人类的大多数难以履行人生的伟大职责，即抚养子女成人，当自己离开尘世时，让他们取而代之的种种措施，又该如何形容它们呢？其实，人人不久都要告别人间让位给子孙后代的。

还有一个因素将会极大地降低劳动的价格，即以低廉的成本出海捕鱼。鱼比肉便宜，穷人就会受到引诱，把鱼作为他们基本食物的一个主要组成部分。我国四面环水，海洋可以源源不断地供给我们以鱼，任凭我们捕捞享用。其次，捕鱼业只需要植树取木用以造船，除了植树的需要外并不占用别的土地。而且，鱼一捕获即可入厨烹调，不像人类的其他所有食品，都要耗费时间和劳动，经过养殖和加工才能食用。我认为，既然我们四面环海，如果我们能大大降低捕捞和运输的成本，就一定可以把廉价的鱼类送往内陆各地，使鱼类在普通人们的食物中所占的比例远远超过现在。

但是，这种情形的出现又首先多少依赖于劳动价格的下降，不过恐怕至少也同样依赖于木材的增加，如果可能的话，木材的丰富可以促使制造和装备出海捕鱼的渔船的费用减少一半。因为鱼的价格中最主要时组成部分是制造和保养渔船、渔具的费用，以及为购买捕鱼行业使用的渔船而花费的资金所支付的利息。所以，如果木材增加了，而劳动价格又有所降低，那些费用就可以大大缩减，我们便能够使海鱼成为比肉便宜得多的菜肴，从而使食物价格大幅度地普遍下降，并且能够使用较少的土地养活较多的人口，若没有捕渔业，耕地要增加，养活的人口反而会减少。荷兰的人口达250 万，但是土地却只有 100 万英亩，确实正是由于依仗捕渔业，再加上仅采用了别的措施，它才能在弹丸之地养活众多的人口。相比之下，我国虽然只有800万人口，为养活他们却耕种了几乎不下2 000万英亩的土地[①]。此外，促进捕渔业，有利于培养精明强干的渔民，这对我国鱼品出口的裨益，远远超过了我所打算描绘的程度。

前面的估算还表明了，判断和决定生活必需品何时定价要高，何时定价该低的唯一恰当的准则，是劳动者的一般所得或工资。劳动者的一般所得或工资无疑应能使他们购买到足够的物品以抚养命里注定要拥有的那样一个家庭。我们由此也可以看出，全体人民中的货币是否充裕，或者，用完全等价的另一个说法来表示，耕种的土地是否足以供养人民，因为正是从土地上才能生产出，并积聚起使人类的境遇达到极乐、世界的形势臻于完善所绝对必需

① 本杰明·莫特在《哲学学报》缩写本[②]第四部分第24页上证明了，英格兰即不列颠南部拥有72 000平方英里，即4 680万英亩的土地。他又指出，根据计算，荷兰拥有100万英亩的土地，据说人口为240万，按此人口密度计，英格兰的人口可达11 000万。他还说，即使考虑到英格兰王国各阶层人民对土地的不同要求，就算英格兰的人口密度只到荷兰的一半，那也要有5 500万，大约为现有人口的5倍，一个颇为可观的数目。根据他的这一说法，英格兰的现有人口必定在1 100万左右。

莫特继续说道，要使英格兰的人口达到5 500万，有各种各样切实可行的办法，据他计算，采用这些办法，只消20至25年现有的人口就可以翻一番，36年则可以增加3倍。但是，我认为，居民若翻一番，英格兰是赡养不起的，因为我们现在开垦和改良的土地无疑已经超过了国土的一半。我想我已经阐明了，我们目前耕种的土地甚至连赡养现有的居民还嫌不够。

约翰·劳伦斯博士在他的《农业的新体系》一书第45页上说道，“人们普遍相信，我国的土地差不多有一半是公共地。”

② 《皇家学会会议记录摘要，1700—1720年》，3卷，伦敦，1721年版。原来是个排字工人，后来发展成为书商和出版商的莫特，出版过《格列弗游记》和斯威夫特的其他作品（见《国民传记辞典》）。

的一切物品。

当一个技工或者劳动者无法挣到足够的钱，按适合于低阶层的生活水平体面地抚养中等大小的家庭时，作为获取物品唯一媒介的货币，至少在7/8的人民中显然是极其匮乏了，或者也可以用如我已经指出的意思完全相同的另一句话来说，耕种的土地太少了，无法养活他们。在这种情形下，一般人民中的贸易和就业机会就比应该有的要少得多，于是，许多人都不可避免地会贫穷落泊。绅士先生们应该考虑一下，如果7/8的人都不得不在上述估算所表明的贫困中辛勤劳动，他们自己的子孙，一代或二代之后，如果不是更快些的话，完全有可能陷于类似的处境之中。

于此，我不由得想到，人类的本性是何等的善良，从上述的估算我们可以看出，人类的大多数是生活在水深火热之中，但是，种种艰辛他们还是能忍受下来的。然而，要是把贫穷的生活归咎于全智全能、大慈大悲的造物主，是无论如何也站不住脚的。究其原因，其实仅仅是由于有些人对事物的本质不加洞察，错误地认为从自己的地产上获得的货币越多，他们就越富有(我所证明的结论恰恰相反)，从而阻碍人民继续不断地开垦和耕种土地。但是，人们所拥有的一切、所需要的一切都只是由土地供给的，世界上的各行各业也都只是从土地的耕耘中产生出来的。我想引用权威的《圣经》来论证，人降临到世上就是为了耕耘土地。正如《创世记》第3章第23节所说的：因此，上帝把他从土地中创造出来，又派他去耕种土地。

下面我将对现在的土地地租以及生活必需品的价格和几世纪前的情形作一比较，通过摆事实，讲道理，进一步论证增加和改良更多的耕地以实现我所追求的目标，是完全符合拥有土地的绅士先生们的利益的。

由于土质肥瘠不同，位置好坏有别，土地地租可以相差很大[①]，但是，可以肯定，现在的一般的地租和400年前相比高出还不到3倍，而生活必需品的价格却不啻天壤之别了：肥牛的价格那时是1诺布尔金币，现在却约为10至12英镑；肥羊那时是6便士，现在约为16先令；肥鹅那时是2便士，现在约为3先令；肥猪那时是1便士，现在约为4先令；6个鸽子的价格那时是1便士，现在约为1先令6便士；小麦每夸特原来是2先令，现在约为24—60先令；所有其他物品的价格也按类似的比例上涨。由此看来，现在的物品价格比400年前都要高出20—30倍，有的甚至还超过这个幅度，只有小麦是个例外。我想，伊拉斯·菲利普斯先生在他的《国家的状况》第52页上作了解释，他说，不难看出，谷物价格的上涨和其他商品不成比例，完全是因为采用了新工艺后，同样数量的土地产量比以前提高了。因此，显而易见，增收地租绅士先生们事实上反而吃了大亏，因为他们和所有其他消费者一样，购买任何物品平均都要比400年前多付20倍的价钱，而和那时相比，地租的上涨却还不到3倍。可见，开垦和改良足够的耕地，促使贸易繁荣昌盛，必然会有力地推进拥有土地的绅士先生们的利益，因

① 假设英格兰的优质地地租平均约为每英亩10先令，劣质地地租平均约为每英亩2先令6便士，而两种土地的数量又不相上下，土地地租则平均约为每英亩6先令。就我所知，平均每英亩6—7先令，和英格兰土地的眼下价值大致吻合。我相信，我可以大胆地说，在过去的400年中，英格兰土地出租收费平均绝不会少于每英亩1先令6便士的。

为正如地租上涨，物品的价格确实会以更大的幅度上涨一样，地租下降，物品的价格也会以同样更大的幅度下降。

在搁下这个事实之前，我还不得不指出，我们的王公贵族，绅士先生们要是穿金戴银，打扮得珠光宝气，使用金银器皿，并把自己的宫殿宅院修葺得金碧辉煌，尽情挥霍税收或地产的收入，对于贸易倒是大有裨益的。唯一的区别在于，君主们有多少税收，就可以花多少，但是，贵族和绅士们还必须顾及自己的妻子儿女，妥善地赡养他们，只有嗣子一人可以继续他们的显赫的生活。

从本书中很容易悟出，其原因在于金银（即货币）增加的比例超过了人口，各种物品的价格也就相应上涨，而且幅度比地租将要或者能够上涨的幅度大得多，所以，如上述情形所描写的那样大量挥霍金银追求奢侈豪华，对贸易不能不有所裨益，因为把大量金银逐出贸易领域，不但可以更合理地划清各阶层、各等级之间的界线[①]，而且能够创造更多的就业机会，在精细复杂的行业中还可增雇技工，阻止我国市场上物价的急剧上涨，否则，反而会妨碍我国商品的出口，刺激外国商品的汹涌流入。

我之所以提出这一看法，是由于受到东印度人的习惯做法的启迪，我经常听说他们竟至于把从贸易中挣得的货币埋到地下，伊·菲利普斯先生在他的书中第 7 页上说过，自从 1602 年以来，

① 货币是商人的工具，离开工具他根本就无法经商，因此，既然人民中货币的增加将提高物价，而且其幅度还要超过地租上涨的幅度，贸易中流通的货币越多，商人为从事商业活动手中也就必须掌握更多的货币。当商人经手的现金数量和地租的比例，超过按上述方法将物价压低时的比例，他们的地位将必然会提高，以至和绅士先生们几乎不分轩轾。

他们已经理藏了曾经流入过欧洲的15 000万两银子[①]。

正是凭借这种手法，他们才将所有的商品和制造品的价格维持在极低的水平，使得欧洲人全都认为和他们做买卖是合算的，并

① 但是，我绝不主张模效，把货币也埋到地下，除非每个人充当自己的银行家，为自己略作些储备，即我绝不主张开办公共银行，也不主张筹建股份公司，因为它们不仅将带来所有贸易公司必然会带来的许多危害，而且其股票、债券和银行的作用是完全相同的，即通过本身的交易和在我国市场上的流通两个途径同时发生效应，于是，光凭股票和债券就可以随时购买任何物品，好像这些纸片就是金银似的。因此，公共银行和股份公司我都不赞成。当财产在人民中得到充分扩散后，我们就可以把大笔的钱放在轻巧的扣带下安然入睡，因为正是贫穷才构成了盗窃的根源。

如果每个人都只充当自己的银行家，而贸易又基础扎实，使财产得到有效的分配，每个克勤克俭的商人，即使景况并不怎么富裕，也都能挣得货币，于是，我国人民手中不久就会掌握几百万的货币。这既然是恰当而自然的窖藏货币的办法，便会将我国物品的价格降低到倘若现金全部进入流通时的水准之下，而现在由于银行业和其他人造货币，即具有货币功能的纸币财产的作用，物价自然远远超过了我们拥有的真正硬币本身所能维持的水平。

但是，商人也许会提出反对，如果没有银行业，不增雇更多的人手就无法经营如此大量的生意。对此，我的答复是，如果没有银行业，有人会因为业务往来频繁而需要一个帮手的话，他自然就得增加一位雇员。但是，我要提一下我国商界不少人所熟悉的荷兰人的流行做法。荷兰商人支付大笔款项时，常常使用一种叫做塞达佛（Ses d'Halve）的粗糙而笨重的硬币。他们把375盾装成一包，外面编上号码，或者贴上标签，注明盾数，重量也是完全相符的，相互付钱时，双方都不打开包裹，谁要高兴，径可回到家里再去点数。如果发现有短缺的话，付钱的商人一获悉短缺的数字，毫无疑问马上就会补齐；倘若有多余，收钱的人总是认为应该义不容辞地把多余的钱归还原主。在和宝贵的货币打交道时恪守信誉，对我们来说可能有点不可思议，我们还不习惯这种做法。但是，我相信，如果我国没有银行业，铸币又同样的粗糙而笨重，商人们不久就会发觉采纳他们的做法是极其方便的，自然也会恪守信誉。于是，支付大笔的款项和使用银行汇票几乎一样迅速，但是银行却要入账，事后还必须结账。此外，采用荷兰人的做法，还可以完全避免由于银行倒闭所招致的巨大损害。

且果真源源不断地输出银子[①],以换取他们的商品,我国的商品在他们那里自然找不到许多销路,因为在我国大量黄金的流通促使我们的商品的价格远远超过了他们的商品,而他们正是通过那种习惯做法,才使得取之于贸易的货币无法抬高他们的商品的价格。

于是,他们不仅始终保持着贸易顺差,而且还迫使许多国家将货币输送给他们;此外,一旦碰到不虞之变或者出于精心安排,必须动用黄金的话,这笔惊人的财富会给他们带来巨大的益处,因为他们的劳动者的工资比我们低多少,财富在他们手中所起的作用就要比我们强多少。

至此,有人不免会提出异议:无可讳言,倘若我国绅士先生们消费和使用的全都是国内的自然产物,他们诚然会如同我已经证明的,因为贯彻了上述建议而富裕起来。但是,他们为消费大量的舶来品,诸如茶叶、糖、水果、亚麻制品、细麻纱、花边、葡萄酒等,动用了差不多一半的开支,而舶来品的价格主要取决于在产地生产时所消耗的成本,几乎不受上述建议的实施的影响,所以,绅士先

① 印度人非常精明,只接受或主要接受银子,因为银子泛滥到其价值相对金子而言有所降低的可能性,简直微乎其微,他们肯定知道欧洲的金子日益增多,其价值相对银子而言倒正在下降。除此之外,银子由于价值远低于黄金,不能多加切削,否则就太显眼了,而铸造赝币也无甚吸引力。

既然如此,又是什么使我国和其他国家利令智昏,几乎把银子倾囊而出全都交给印度人?第二版印行于1730年的《英国商业的计划》[②]一书的作者,代替我解答了这个问题。他在第65页上说道,世界上就数中国、印度和其他东方各国的制造业最发达,最丰富;它们的制造品单凭其价格的低廉就冲向全世界,吸引人们消费。在第66页上他又说道,那些国家劳动者的工资每天不超过两便士。

② 〔丹尼尔·迪福〕《英国商业的计划——这个国家的贸易,包括国内贸易和国外贸易的全面展望》,伦敦,1728年版。麦卡洛克评注说:"所谓第二版,只不过是第一版加上一个新的内封和一个简短的附录而已"(《政治经济学文献》,第45页)。

生们不会从上述建议的实施所引起的我国劳动价格和自然价格的下跌中多得一锱一铢。

对此我的答复是，各国都有一些与众不同的商品，这种安排无疑便形成了各国互通有无的基础，并且通过海上贸易为人类创造了大量的就业机会，各国若没有与众不同的商品，也就无从谈起此类就业机会。我想，（在这方面）我国和其他国家都各有所长，不相上下。我还注意到，一个国家如果得天独厚，胜过他人，它就会比别的国家获得更多的货币，它的所有商品和劳动的价格便将按我的第四条准则所阐明的比例高于其他国家，因此，即使拥有的货币超过邻国，它的财富和国力也不会有丝毫的增长。

我们进口的商品也许比我们现在自己生产要便宜，但是，若不进口，我们自己当然也可以生产，然而，无疑必须实行我所提议的方法。唯有借助我的方法，我们才能够在国内生产那些进口的商品，从而为我国人民创造许多新的职业和贸易行当，排除从国外进口任何我们自己也能生产，而且可以生产得同样好的物品所招致的麻烦。我所建议的办法完全应该付诸实践，以便防止任何其他国家凭借这类商品在我们身上牟取利益，因此，在拒舶来品于国门之外时，它比法律更能奏效。

由于我的建议是阻止外国贸易所应该采纳的唯一的禁运和限制措施，因此，如果按我的办法去做，并且持之以恒——因为这是完全应该的，我们的绅士先生将发觉，即使享用了我们不得不输入的外国特产商品，他们也会变得富裕起来。因为贯彻上述建议的必然结果是，我国的农产品急剧增加，从而劳动价格大幅度下降，于是，我们就能够生产现在尚需进口的许多商品，而成本反比进口还要便宜。在国内生产了我们所能生产的一切物品,从而使我国的贸易兴盛起来之后,凡我们输入的货物必定比我们自己生产要合算,否则我们就不进口了。我认为,享用这一类进口商品所花费的开支,显然要比通过一次国会立法,决定拒绝进口,自力更生自己生产省钱。所以,倘若诚如反对意见承认的,如果绅士先生们消费和使用的全都是我国的自然产物,他们确确实实会因上述建议的实施而富裕起来,那么,即使他们消费任何数量的我们能够以低于国内生产成本的价格输入和销售的舶来品,也一定会富裕起来。因为除了一国的特产外,只有廉价的商品才能在别国找到销路。关于这一点,我已经作了充分的解释。

由此可见,当我们为了能够以和进口商品同样低廉的成本生产某些进口商品而竭尽全力之后,发觉依然无法如愿时,任何人都不会因为再去使用那些价格比我们自己生产要便宜的舶来品而变穷。在这种情形下,所有进口商品就都成为有关国家的特殊产品,它们生产特殊产品的成本能够比我们低廉,它们那样做是完全必然的。

第八,完全彻底地实施上述建议,是使财产能够在各阶层人民中得到合理而充分的分配的唯一途径。当劳动者得不到充分而完全的就业时[①],劳动者的数量就超过了对劳动者的要求,像其他任何物品一样,他们便不得不以低于其真实而公正的价值出售自己

① 如果劳动者有了充分的就业,他们的工资自然会上升到劳动的公正价值的水平,我们知道,任何一件物品,当它的需求量和数量相等时,无不如此。因此,在生活必需品变得非常丰富,从而也极其便宜,以至于劳动者用自己的工资能够购买为维持那个阶层中一个中等大小的家庭体面舒适地生活所必需的物品之前,我绝不认为已经有了足以雇佣全体人民的工作,也绝不认为财产的分配是充分的,或合理的。

的劳动。我已经证明了,劳动的真实而公正的价值是并且应当是尽可能地接近于可以给一个劳动者家庭提供与其地位相称的舒适的生活的价值。只要劳动者在远远低于这一价值的条件下从事劳动,工资便常常不够养活上述估算假设他所具有的那样一个家庭,而财产的分配显然就没有达到按事物的本性及事理所应当达到的程度。与此同时,种种恶行必然随之发生,并且其多寡和劳动者的工资与上述标准的差距之大小密切相关。于是,富人通过廉价地占有劳动者的劳动和技术,不仅攫取了只要工资低于上述水平,按照劳动者的正当而自然的权利就应该属于劳动者的那份财产,而且由此还侵占了按照情理、自然而然地应该属于中等阶层的大笔财富。由于贫富悬殊,许多精通贸易的富人就能够以低廉的价格经商,而中间阶层的不少人却因此连和自己身份地位相称的生活水平也无法维持。例如,假设一个商人拥有1万英镑,由于利息的跌落,许多像他那样的商人也不得不去做各种零售生意,又假设他以30%的利润出售商品,全部货物一年转手一次,每年净得1 000英镑。现在,另有一位商人经营同一商品,但是,却只拥有1 000英镑,假设他以同一价格出售(他也不得不这样做,否则,就很难做成什么生意),全部货物一年转手两次(因为小笔财货的转手一般比大笔财货要快些)——目前,赊账已经习以为常,零售业务中的小笔财货如我们平时所看到的,一年转手两次基本上是能够实现的,于是,1 000英镑资本便产生20%的利润,即每年200英镑。下面将证明,要支付经商中的种种费用,并按无疑理应达到的生活水平抚养自己的中等大小的家庭,200英镑是远远不够的,而他们使用1 000英镑做生意,正是为了养家活口。至于前一个商人,由于资本雄厚，尽管只赚取 10％的利润，却依然能够不断增殖资本，并且迫使资本单薄的商人纷纷破产，由此可见，不仅从事劳动的技工，而且许多中等阶层的人士，他们的财产都不可避免地会被剥夺掉，而中等阶层所占据的生活地位和社会正义都自然赋予他们以拥有自己财产的权利，因为中等阶层占据绝大多数的社会，永远是最强盛、最幸福的社会。要使财产的分配普及于全体人民，我所指出的便是绝无仅有的一种办法，因此，不言自明，这种办法必定会将财产分配到各阶层人民中去，使得任何人，不管谁，只要是勤勤恳恳、踏踏实实的，便都能过上和上帝一手妥善安置的各自的地位及身份相适应的舒适生活。于是，财产的分配不仅是完全充分的，而且会带来事物的本性所能赋予人类的一切幸福。不管人与人之间在处境、条件和地位上依然存在着何种差异，全都是造物主一手安排的，而且和文官政府紧密相连，不可分割的，因为只要存在文官政府，其中便总得有人身踞高位，也总得有人屈居下层。

第九，完全彻底地实施上述建议，是根绝危害社会的奢侈的唯一切实可行的自然的办法。

一个人的生活状况、衣着服饰或生活方式，不管多么豪华，只要和自身的地位或条件并行不悖，又不超越财力的限度，使他能按自己的身份和尊严的要求抚养妻室儿女，我都不称为有害于社会的奢侈，因为在我看来，这种生活状况和生活方式只要符合上述的标准，对于社会不仅是必不可少的，而且是极其有益的。

因此，一个人只有当违背上述标准时，他的奢侈才能被称作是有害于社会的奢侈；同样，一个国家只有当人民普遍地违背上述标准时，才能被称作是奢侈的国家。而一个国家，当它的人民一个个地相继陷于贫困的境地时，完全有可能成为一个奢侈的国家，我认为这是不言而喻、理所当然的结局。

全国性的普遍的奢侈的唯一起因便在于财产分配的严重不平均，这就使许多人能够穷奢极侈，享尽荣华富贵，而其他的人却生活困苦，处境落泊，连必需的物品都远远得不到满足。于是，一方面有人因为富有而深受膜拜，另一方面又有人因为贫穷而横遭白眼。两个极端之间的鸿沟深不可测，完全可以预料，处于两个极端之间的大多数人，必然会不顾自己财力的限制，纷起仿效人类中那些深受膜拜的富人，结果，便出现了危害社会的奢侈这一概念。

但是，倘若财产按我所证明不仅是可能而且是应该的方式进行分配，人们的劳动便不会低廉得近乎荒谬，以至于在一个极端造成人们肆意挥霍，而在另一个极端又促使更多的人沉沦于贫穷之中。不，按我的方法分配财富，不仅可以消除于社会有害的奢侈，而且可以根绝与之相连的所有形形色色的罪恶行径，因为我现在所描述的财产的极端不均是孳生种种罪恶行径的渊薮。当博学的所罗门说，穷人的贫穷便是其自身的毁灭时，他已经指出了占人类绝大多数的穷人的犯罪的根源，我挑选了他的这句名言作为本书的座右铭。诚然，从来也没有人提出过正当的理由是以把毁灭归咎于犯罪以外的任何别的原因；因此，据所罗门看来，贫穷和罪恶必然是结伴而行的。不过，我认为，过度的富裕和罪恶也一定会形影不离，因为这只不过是把所罗门的话应用于另一个极端而已。

但是，我可以充分地论证，贯彻上述的建议，就一定能根除对社会有害的奢侈，这是目前引起我们关注的唯一问题。我认为，伦敦一个中等阶层的家庭，人口不多也不少，生活不贫也不富，要维持全家人吃住，如下面的估算所说明的，每年约需400英镑。但是，毫无疑问，中等阶层所能挣得的钱一般远远不到400英镑，正如上述估算中所计算的劳动者家庭的必需开支也远远超过了他的工资一样。所以，我坚持认为，如我前面已经证明的，农产品即使增加一半，人们按自己的需要不仅能够全部消费掉，而且生活也根本说不上奢侈，因为不难看出，每个估算中估计的只不过是差不多把全人类都囊括在内的两个阶层所应获得的生活必需品而已。至于处于中下层以上的人们的数目，和两个估算所必然包括的人数相比，显然是微不足道的。因此，如果农产品即使增加达一半之多，依然会有人需要、有人消费，而我前面已经证明了，农产品增产一半也是不可企及的；又如果我们竭尽全力，提高农产品的产量，造成了富裕的局面，但是，这种富裕按其本质，只不过是让唯一具有迫切需要的中下层人民能够获得农产品而已，那么，在这种情形下，人民中怎么可能出现普遍的或全国性的奢侈呢？因为我们根本就无法让土地生产出足够的农产品以引起或维持普遍的、全国性的奢侈。既然增加农产品的办法自然而然地将增加的部分分配给唯一需要农产品的中下层人民，那么，很清楚，这种办法也一定能根除有害于社会的奢侈。我已经阐明了，对社会有害的奢侈是以财产的极端不均为基础的。由此可见，奢侈并不是贸易萧条的原因，而是其结果，因为所谓贸易萧条只不过是说大多数人缺少他们理应拥有的物品，但是，由于找不到足够的就业和经商机会又无力购买这些物品。

第十，完全彻底地实施上述建议，将会阻止货币利息的大幅度下降，因为为实现本书所提出的种种目标，就必须继续不断地开垦和改良大量的荒地，这不仅将促使人们购置大量的地产——荒地

现在的价值和经过改良后相比也许还不到1¼，而且能够生产出大量的农产品，并因此进一步迅速增加制造品的产量，从而吸引人们运用政府不断支付的货币，投资于农业和制造业。如果没有运用政府支付的货币进行投资的这一去向，它们便必然会重新流回市场去寻求利息；寻求利息的货币大量充斥，利息则一定要下降，或者，换一句话来说，生息货币的贴水会按寻求利息的货币数量增加的比例上涨。但是，由于每次所获利息只有3%或4%，而不是寻求利息的货币所应自然产生的利息率，这笔贴水连同其利息，最终都必定会丧失殆尽。

上述建议的实施是绝对必需的，因为唯有通过这一途径，才能按照公共债券的偿付比例降低各种物品的价格。公共债券目前也起着货币的作用，按其数量成比例地提高各种物品的价格。而当公共债券不断地得到偿付、被取消时，人们将会发现，它们在降低各种物品的价格中所起的作用，犹如全国真的失去了同样数量的金银似的。虽然我认为这是不言而喻的，但是，我还想引用伊·菲利普斯先生的话以论证我的观点。他在自己的书中第42页上说道，毫无疑问，假设大约在1750年，全国的债务已全部偿还，现在具有货币功能的纸币财富全部消失，那时，所有物品的价格就会下降；因为纸币财富一旦偿付完毕，其作用自然也就停止了。既然在过去的150年中，商品价值随着金银的增加而提高，那么，我国的金银若急剧减少，商品的价格必然下降；而倘使起货币作用的物品减少，则结果必然完全相同。

诚然，正如菲利普斯先生接下去所说的，今后，随着赋税的减轻，正如目前随着国债的偿付一样，商品的价格也将会按其承担的赋税的削减比例而下降。但是，赋税的减少绝不会促使物价按现在正在我们中间充分发挥货币作用的巨额纸币财富得到偿付的比例下跌。我国的纸币财富比真正的硬币多出好几倍，一旦得到偿付，根据上述法则，必然会按比例地降低所有物品的价格，除非在偿付的过程中，我们能增加真正的硬币以防止物价的下跌。虽然我对此毫不怀疑，但是，如果我所提出的建议得到完全充分的实施，物价的下降仍是不可避免的。

第十一，完全充分地贯彻上述建议，政府就能够减少国债，削减赋税。

由于上述建议的实施，农产品的产量及其消费自然会大幅度增加——产量和消费永远是不可分割的，因此，我认为税收也必定会增加。麦芽糖、啤酒、皮革、牛脂以及任何其他纳税物品的生产量和消费量提高多少，所征收的税款显然也会增加多少。如果与此同时，人们的境况又为我已经阐明的那样得到了普遍的改善，他们就能更好地缴付上述的税款以及所有其他的税款。而随着上述建议的完全彻底地落实，各种物品的价格又会不可避免地大幅度跌落下来。显然，劳动和各种商品的价格下跌多少，政府办理各种事务所需支付的钱款也可以节省多少，于是，税收必然有赢余，原因不仅在于税收数额的扩大，而且还在于能够使用远比现在为少的钱款就可以办妥一切需要完成的事务。如果全面地实施上述建议，赢余自然非常可观，就必定可以用来偿付国债，削减赋税。

也许有人会提出反对，认为实行了上述建议，土地税会随着土地地租的减少而减少，因此，税收在这个领域必然要降低。对此我的答复是：如果 2/3 的税款准备从土地上征收，那么，绝大多数的郡

所能征收的税款是完全可以超过分配给它们的定额的。伊拉斯·菲利普斯先生在他的书中第 44 页上指出，对全国土地所作的估价只不过是其价值的一半。倘若确实如此，那么，即使地租减少，土地的税收定额依然能够有所增加。而为了和人类的自然增长率保持必要的平衡，以便实践我所主张的建议，每年必须开垦和耕种大量的荒地，于是，在新增加的大量土地上又可以征收土地税。土地税收的这一新来源毫无疑问会大大有助于阻止该领域中岁入的减少。所以，我想我们根本无需为此而顾虑重重。如果人口随着贸易限制的放松和贸易的扩大而增长——这在人们看来已经成为格言式的真理了，不仅全国的税收，而且农业领域的税收不久也必然会增加。

但是，各郡新开垦的土地按比例计多少不等，因此，有必要重新确定土地税的定额，在此情形下，这样做是完全应该的。

在结束这个话题之前，我不得不指出，如果对商品所征的税收全部取消，而只对土地和房产征税，绅士先生们从地产上所获得的纯地租，反而要超过现在，尽管现在所有的税款差不多全是从商品上征得的。

假设国债约为 5 000 万，以 4 厘计，利息就达 200 万，再假设在和平时期，为支付日常开支每年另需征收 200 万，加起来，政府每年总计需要征收 400 万净税款。

众所周知，目前虽然只按 10%征收地租，但是，全国每年的总额也要高达 2 000 万[①]；所以，如果对土地的征税毫无遗漏的话（倘

① 伊·菲利普斯在他的书中第 44 页上说道，我相信，我完全可以把全国的地租估计为 2 000 万。

若能证明赋税不管征收的方法怎么千差万别，归根到底总是由土地支付的，那么，对土地的征税自然应该毫无遗漏），每英镑地租征收 4 先令就可以提供 400 万，再加上征税的费用，在征收土地税时，每英镑只需 6 便士，即占 2.5％，总共也不过 10 万英镑。

让我们再看看，如果在商品上征税，国家每年为征收 400 万需要花费多少钱？

为了全面地征集和管理税收，假设我们在全国各地以及沿海除使用数量可观的船只外，还雇佣了 15 000 名人员。船只的费用，和各级海关官员所领取的薪水以及他们从人民中所获得的外快，与交进国库的净税款一样，都会影响商品的价格。所有各种费用加在一起，作一个非常保守的估计，我想海关人员平均每人每年约需 100 英镑，于是，全国必须为所有海关人员支付 150 万经费。假设对商品征收的税款加上征税的经费相当于商品总价值的1/6，按此比例计算，商品总价值便为 3 300 万。此外，商品在到达消费者以前，每经过一个支付税款及其征收的费用的人，他都要在支付的这笔经费上提取一笔适当的利润，假设因此之故商品到达消费者手中时，价值便提高 8％①，于是，全国每年又要多支付 264 万英

① 由于税收全部征在商品上，日用消费品到达消费者手中时，价格至少提高 10％，因为经营的商人要在预付的税款上勒取利息。我相信实际经验会证明，即使把价格上升的幅度定为 15％，也不算过分。参见福格的《二月》杂志 1732 至 1733 年第 20 期。

如果我们考虑到商品税会提高生活费用，从而至少在某种程度上会提高劳动的价格，我们就无法怀疑，由于征收商品税，商品到达消费者手中时，价格必然会上涨，而且上涨的幅度至少不小于我提出的估计，因为进入各种物品的最主要的东西是劳动，所以劳动便成了物品价值的最主要的组成部分。

镑。可见,假若为政府征收400万商品税,全国所支付的费用就要比征收同样数量的土地税多400万。我确信,我的各个假设均无夸张之嫌;即使有,我也毫不怀疑,我的关于费用总额的判断还是很注意分寸的,而我的推理方法则是完全合理的。

在我开始论证800万款项——相当于从全国每1英镑的地租上征收8先令的税额,最终都将落在土地上以前,必须阐明我们所拥有的一切都是由土地提供的。

如果我们不大量进口外国出产的商品,那么,说我们所拥有的一切都是由土地供给的,应该是不言而喻的事;然而,即使进口外国商品,情形其实依然不会有丝毫的改变,因为我们进口的大量外国商品,其价值不可能持续地超过我们的出口商品,否则,最终必然会耗尽我国的全部现金,从而结束入超的局面。因此,我们进口的商品仅仅只是取我们出口的商品而代之;可见,不仅我们所拥有的农产品是由土地提供的,而且我们从其他国家所输入的各种产品,事实上也是由土地供给的,因为土地生产和贡献出了至少和我们进口商品价值相等的物品。我已经证明了,不管我们进口多少外国商品,我们所拥有的一切都是由土地提供的,往下我就来论证,不管我们采用何种方法征税,税款最终必然总是由土地支付的。也许我可以不加深究,暂且坚持,凡提供一切的必然也支付一切,是一个不言自明的道理,但是,我依然要阐述,这种情形何以会发生。我们已经制定了一项原理,即对于一般消费者来说,人民手中流通的现金数量与人口数量相比是多或是少,决定并制约着商品的价格,现在是如此,即便将来大致也是如此。

由于土地地租也遵循同样的原理,我将首先说明,根据这一原

理，土地地租应是多少。

农场主把在租用的土地上生产出来的产品拿到市场上去出售，得到一笔价格或金额，从中扣除各种费用和自己的生活费，还有剩余，土地地租不可能（而且也不应该）超过这笔剩余。经验证明，土地地租和这笔剩余相差无几，因为农场主和其他人一样，普遍觉得他们总要竭尽全力才能付清地租。但是，事情还远不止此。

假设全体人民中的现金数量和现有的相同，而商品税又全部取消，显然，对消费者来说，商品的价格最终并不会因此而下跌，因为根据已经制定的原理，价格是由人民中流通的货币数量所决定的。但是，现在由于征课的税收及征税的费用商品的成本增加了多少，一旦取消了商品税，商品的成本则会降低同样的幅度，因此，我认为，如果取消商品税，而只对土地、房屋上税，一大笔多余的货币必然归出售农产品的农场主所有，使他们支付的地租能远远超过现在，于是，如果采用这种方式征税，土地税便可以翻一番。我认为，这是势所必然的，因为如已经证明的，征收商品税所需的费用，几乎就相当于政府的净税收，而征收土地税所需的费用绝不会超过征收商品税所需的费用的 1/40，这也已经得到证明了。

我还要说明，税收若征在商品上，地租就得减少一笔相当于税款及征税费用之和的金额，以下就是我的论证过程：农产品加工完毕供消费者使用时，能够换取一笔货币，其中必须减去从在土地上生产它们到进行加工等的各项费用，税款以及征税所需的各种费用，剩下的余额才成为可以缴付的全部地租。

如果商品税以及征税的费用，相当于在全国的每 1 英镑地租中占去 7—8 或 9 先令，那么，它们在消费者支付的商品价格中扣除多少，最终也就在地租中扣除多少。若按商界的至理名言而论，各种物品迟早总会取得自己的真正价值，那么，因为滋生万物而成为万物中最为珍贵的土地也一定会取得自己的真正价值。因此，商品税一旦取消，商品税原来从土地生产的商品的价格中扣除的部分，便必然会如数加到土地地租上去，从而提高地租。只要说明了商品税的取消如何使全部税收作为地租而落入地主的口袋，我们就可以清楚地领悟这一点。

商品税取消后，商品就会降价，消费就会增加，正如任何一件物品价格的降低都必然会促进消费一样，而消费的增加又会提高对商品的需求量。由于万物都是由土地生产出来的，对农产品的需求的增加会导致对土地的需求的增加，从而必然会逐步提高地租，直到最后，现在作为税收支付的全部货币和与征税不可分离的各种费用，都成为地租而流入地主的口袋。因此，如果取消商品税，而商品税又无论如何确实达到在每 1 英镑地租中占 8 或 9 先令的程度，那么，地主从每 1 英镑地租中自然可以比现在多收到 8 先令或 9 先令。前面已经证明，每 1 英镑地租中只要提取大约 4 先令，就可以征得政府所需的全部经费，可见，在扣除赋税后，地主还可以从自己的所有地产的每 1 英镑地租中比政府通过商品税征课税收多获得 4 先令。

事实也不可能不是如此，除非人民中流通的货币不够，无法将地租提高到这种程度。但是，我认为，事实上货币还不至于匮乏到如此地步，所以，我确实相信，如果取消全部商品税，我们将会发现我们拥有足够的货币，使地租的增加额可以相当于必须征收的地租税，或者至少可以在为了达到本书所追求的目标而不得不新开

垦大量荒地的情况下，防止现行土地地租普遍地大幅度地下降。

但是，也许有人会问道，如果取消商品税对消费者来说，最终并不降低商品价格，而这是毫无疑义的，因为所有商品的价格都必然决定于人民中流通的货币数量，那么，我想，也许有人就会发问，取消商品税对贸易究竟有何好处？我的答复是，首先，现在所有受雇从事征收商品税的人员都可以转而将自己的技术和劳动用来增加公共财货，而目前他们依靠民众为生，消费了一笔足以维持其生存和生活的公共财货，一进一出，至少给国家招致两倍于此的损失。其次，我认为，取消商品税给贸易带来的好处，必须以征收商品税给贸易造成的妨碍来衡量。现在，大家都感到征收商品税给贸易造成了巨大的障碍，以后，他们也一定会发觉取消商品税将给贸易带来同样巨大的益处，因为它们是大小相等的两个对立面。

也许还有人要问，商品的价格既然常常大幅度起伏变化，又怎么会严格地由人民中流通的货币数量决定呢？我的回答是，诚然，季节和其他一些因素确实总是会影响各种物品的价格的，但是，必须承认商品的价格上涨必然要减少其消费量，而商品的价格下跌又必然按同样的幅度扩大其消费量，结果正好抵消了消费量减少的影响，似乎物价严格地、一成不变地决定于人民中流通的货币数量。

也许又有人会提出反对，如果取消一切商品税，那么，进口商品反而比国内商品更受人欢迎，因为地租和利息必然是由国内商品支付的，而在这种情形下外国商品却两者都用不着支付。

对此我的答复是，既然如已经证明的，我们必须输出价值至少和进口产品相等的我们自己的产品，进口商品就应该被看作是已经缴付了地租和税收，因为它们只不过是价值相同，而且已经缴付了地租和税收的另一些商品的替代物而已。

我之所以主张征收土地税，而不主张征收商品税，是因为要找到足够的人手去耕耘土地，以圆满地贯彻我提出的建议，即使并非不可能，至少也是十分艰难的；同时，还因为如我前面已经证明的，商业和各制造业也许腾不出大量的人手，其原因在于对商业和各制造业的需求一定会使工匠和制造商所获得的工资超过他们若去从事农业所获得的工资：因为土地的耕种降低劳动工资率，而对制造业中的工匠的需求却总是会提高工资率，因此，各制造业只要对劳动者有需求，就永远会自动地将劳动者吸引过去。

于是，我得出如下的结论，为了贯彻上述的建议，以便在事物的本质所允许的范围内尽可能地达到我们提出的目标，必须随着上述建议的实施，逐步地取消商品税，逐步地解雇国家税收机关的所有官员，必须使他们在增加公共财货的前提下去谋取生计，必须使任何一个人都无法依靠劳动者的劳动为生，而只要税收征在商品上，就必然有许多人以劳动者的劳动为生①。

① 在全体人民中从事劳动或制造业的不超过一半。假设我们有 800 万人，劳动年龄的限制为 13 岁到 63 岁，大约有 2/3 的人口处于这一年龄范围，从中我们还至少必须扣除约占 1/6 的下列人员：因性别而被剥夺了劳动机会的妇女；因地位或自愿而成为闲散者；从事专门职业的人；出售别人的制造品，而在其中并未增加真正价值的人；病人和无力劳动者。由此计算出来，从事劳动或者制造业的人员仅仅只占人口的一半。但是，我已经被人说服了，知道自己估计的数字偏高，而我国所有的劳动者不超过 300 万。劳动的价格按劳动者的稀少性成比例地提高。和劳动者生产的商品相类似，劳动之昂贵和劳动者之稀少恰成比例。任何数量的闲散劳动者都会抬高劳动价格，使另外一批同样数量的劳动者在劳动者总数中所占的比例增加 1 倍。例如，假设有 300 万劳动者，其中有 3 万在军队服役或在税务机关供职；3 万占 300 万的 1%，这些依靠他人的劳动为生的人们使得另外 1%的劳动者在总数中所占的比例实际上增加到 2%即翻了一番。参见福格的《杂志》1732—1733 年 1 月第 20 期。

这一推理也适用于我国的法律；我们的法律条文一增再增，多得几乎无法计数，其实应该将它们概括成寥寥几条就行了，既清晰，又易懂，使上至三公九卿，下至布衣百姓，人人都能熟悉国家的法律。丹麦的情形就是如此，我们应该效法，于是，便可以省出大批的人员，让他们以和人类环境相吻合的方法去促进社会的福利。

至于许多开业的医生，我相信，他们也必须按那种有益的方式另寻生计，因为目前猖獗泛滥、缠绕人类的种种疾病和恶行，绝大多数都将被防患于未然，而勤勉和各种社会美德必定会取代并铲除毒害了芸芸众生，又给开业医生造成沉重负担的腐化和犯罪行径。

许多（因为找不到有益的工作）只得经过培养去担任神职的人，不久也可以找到比绝大多数的神职人员在缺乏唯有上述建议的完全彻底的贯彻才能引起的对他们的技术和劳动的需求的条件下，现在所做的和能够做到的更为有益的工作，以维持自己的舒适生活。目前神职人员比比皆是，其中绝大多数所得到的报酬低得令人难以容忍，倘若如我所追求的大量的经商机会涌现出来，以至使人不得不怀疑，是否找得到足够的人手来从事和完成这些商业活动，与此相联系，各行各业中就必然会产生一定的利润，到那时，难道还能够设想，神职人员竟会不去从商赚取利润吗？

关于国家的武装力量，我认为应该组织我国的全体公民参加各种必不可少的军事演习，从小对他们进行军事训练，使他们的武艺达到尽善尽美的程度，我相信，这样，我们就可以像我们所能维持的任何一支雇佣军所将做的那样，有效地保护自己免受邻国的不义的进攻。同时，在这种情形下，我认为我们也不大可能向邻国发动非正义的攻击，因为要引诱男人们抛家别子，撇下生计，去操戈打仗，残害和自己毫不相干的人并非是一件轻而易举的事。但是，现在战争似乎成了国民游戏，王公贵族们维持着大批的军队，调兵遣将，相互攻伐，以为消遣。而保持一支常备军队已经习以为常，甚至对于自由王国或者自由国家来说，也几乎成为不可或缺的条件了。

然而，如果我们终究将会发现，确实找不到足够的人手来耕种土地，以全面贯彻上述建议，实现我所追求的目标，那么，达一点本身必然就是个令人折服的理由，足够证明必须将上述建议尽可能地推行下去；因为正是为了无限地促进人类的幸福，宁可人手缺乏，难以应付可能产生的全部工作，也不愿如眼前那样，听任大批的人员无所事事，只得陷于到处流浪的境地，或者接受公众赈济，或者干脆由于工作太少，劳动的价值无法提高到成为足以诱发起他们勤奋劳动的合适而自然的动力，只好坐以待毙。

除了缺乏足够的人手以有效地实践上述建议的困难外，有人还会提出反对意见，认为劳动者现在已经每周劳动不过 3—4 天，余下 2—3 天就去酗酒纵饮，而如果我所论证的降低生活必需品的价格的主张一旦付诸现实，情形就更不堪设想了。为答复这种反对意见，我必须指出，如果不占用劳动者更多的时间和劳动，生产出大量的生活必需品，以便降低其价格，生活必需品绝不可能变得像我所期望的那么便宜。而在尝试并切实运用上述方法以降低生活必需品的价格之前，劳动者的时间和劳动也无法得到更多的雇用，因此，倘若我不仅能证明，即使劳动者确实荒废了不少光阴，但按目前的情形来看，他们所做的工作已经足够了，甚至可以说是过多了，并且还能证明若用可以刺激他们的勤勉心的方法供给更多的工作，他们是会愿意干更多的活的，那就希望人们不要过分强调这种反对意见，以免妨碍上述建议的贯彻执行。

首先，我认为劳动者做的工作已经绰绰有余了，因为商人手中总是掌握着丰富的各种商品，消费者需要什么，就能够购买到什么。这个不需否认的事实证明，劳动者已经完成了足够的工作，因为正是他们生产了所有的商品，而生产的目的又正是为了满足消费者的各种需求。

其次，我认为如果到处叫卖商品已经成为广泛盛行的习惯，使得全国绝大多数地区的许多坐商和店主如他们自己正确地指出的，缴不起地租，过不下日子，只得请求国会禁止叫卖商品，那就可见，所做的工作不仅足够了，而且已经太多了，因为人们进行叫卖的唯一原因便在于商品的泛滥，生产的商品多得以至于找不到具有购买能力的消费者，就会损害坐商和房屋地主的利益。

就赊账的总额或时间而言，上面的论断也完全同样适用。但愿我能说，生活必需品和其他所有的物品事实上一贯的那样，确实是相当充裕的，然而，事实恰巧相反。仅仅在4—5年前，在我国的一些地区，成千上万的穷人因不得不以腐烂的食物为生，而诱发起一种近乎瘟疫的疾病，这场疾病虽然未将他们全都置于死地，但也相差无几，全家老小几天之内就此相继呜呼哀哉的屡见不鲜，还有许多人其实是活活饿死的。参见理查德·希拉德雷的《关于去年的严冬以及粮食的稀缺与昂贵的哲学研究》①。

① 见第128页注及以下。

三者，如果我们的贸易出现明显的衰退迹象（我马上准备列举出充分的证据），那么，不管劳动者荒废了多少时间，所完成的工作显然已经超过了国内或者国际贸易的需要：因为贸易的衰退和对于我们生产的商品的充分需求是不可能同时并存的。

但是，我将举例证明，只要得到足够的激励，劳动人民是能够并且愿意从事远远超过他们目前所完成的工作的。我认为，任何人只要受到充分的鼓舞，都绝不会懒惰懈怠，这是一条准则：其真理性之确定无疑和不可否认，是与另一条准则完全一样的，即任何一位消费者，只要有钱支付，又愿意购买，那就不管是什么主要商品，或者什么别的普通物品，凡他所需要的，他就绝不会不去添购。如果在低得令人沮丧的薪水（如我已经证明的，还不到一个中等家庭必不可少的费用的 2/3）的条件下，劳动者居然还做了如此大量的工作；那么，一旦劳动者受到了足够的报酬的激励，同时那些我已证明是摆在他们面前的最危险的陷阱的诱惑又被铲除干净（我相信，如果实施了上述建议，这些诱惑在很大程度上是一定能够消除的），在他们身上还有什么不可以期望呢？

我将以为诸侯、亲王之死而举行的盛大哀悼活动为例，来论证劳动者只要得到较高报酬的激励，就不仅能够而且愿意从事远远超过他们现在所完成的工作。

前面对劳动者的指责表明，他们并不缺乏时间去做比现在更多的工作。在为诸侯、亲王举行盛大哀悼活动时，为了满足这种场合的非常需要，除了挪用可以设想的手头现有的不少储备以外，还必须在极短的时间内赶制出大量的物品。于是，我们可以想见，织布者、染布者和裁缝仅仅因为受到对商品的巨额需求必然要引起的较高的报酬和工资的刺激，就会夜以继日地劳动，如果这种需求能长久地维持下去，转眼之间他们就可以供给王国里的大多数人以丧服，让他们穿戴起来去参加葬礼，这是我们屡见不鲜的。由此可以清楚地看出，只要受到较高的工资的刺激，劳动者是不仅能够而且愿意做更多的工作的。

最后，完全彻底地实践上述建议，是扩大统治范围，把自由传播到全人类的唯一的自然的办法，因为不管什么地方，只要有大量的土地不断地被投入使用，将贸易和制造业中能够腾出来从事农业的人员全都雇佣来耕耘土地，就必然会给全体人民以充分就业，并且制造出大量的各种物品，甚至使最低贱的人们也一定能让自己及其家庭过上舒适的物质生活，从而不可避免地把不以同样的热忱注意这个问题的邻国的人民吸引过来，促使他们抛弃蛮不讲理、压迫成性的政府，去寻找由于大量土地的不断开垦和改良必然会给他们提供就业机会的定居地。

诚然，长此下去，到时候我们的岛国就会住满居民，每寸土地都会得到改良。我认为，本杰明·莫特肯定是根据这种情形，才计算出在短短的 24—25 年中，人口便会翻一番。否则，我简直无法想象，人口何以会上升得如此之快——如他所宣称的，在很短的时间里竟然增加 1 倍和 3 倍。我坚信，按自然增长率，人类即使翻一番，也将需要长得多的时间。

如果我所提出的在我看来是不言而喻的第九条和第十条原理是正确的，那么完全彻底地实践上述建议必然会增加臣民的人数和财富，由此不可避免地必然也会增加他们所提供的税收，从而对政府是极其有利的。因此，必须尽可能地全面实施上述建议，不管谁,只要愿意,并且有能力彻底地改良荒地,就应该把适当数量的荒地长期拨给他们,只收取少量的费用,以此来吸引居民,直到连爱尔兰也无法容纳为止。采取这种策略的王国不久一定会迅速强盛起来,因为不到一个世纪,国内的人口就有可能翻一番。我认为这是万无一失的国策,除非我们的邻国也效法同样的措施,以阻止本国臣民的流失,于是,各国的人口仅仅按自然增长率增长。然而,整个人类却因此而都能获得极大的好处,所以,当我提议的方法一旦付诸实行,幸福和自由便会逐渐地扩散传播。

出于扩张势力范围的野心,而以兵戎相见之愚蠢和荒谬,相形之下,不难想见,因为战事倘若旷日持久,数年不息,常常会将战败国的人民,几乎斩尽杀绝,如我们从法国在上一次战争中的遭遇中所目睹的。而我们作为战胜国,从战争中所获得的却只是现在压得我们喘不过气来、今后我们也许永远无法摆脱的赋税包袱,这也是有力的证明。为扩张势力而燃起战火,其愚蠢似乎还在于战争会夷平国土,灭绝人口,使战胜国为保护和捍卫这些渺无人烟的区域而陷入沉重的灾难和负担之中,而邻国要袭击和侵犯却易如反掌,因为任何君主管辖下的广袤的无人区,必然会给他们提供许多长驱直入的良机。

如果为了扩大统治范围而发动战争——其实,我倒愿意说是为了扩大领土,因为领土是从战争中所得到的唯一的战利品[①],是荒诞不经的举动,又如果按我前面所已证明的,甚至为了贸易而发动的战争也是毫无必要的,那么,便可以推出如下的结论:凡战争,

① 参见《旁观者》杂志第200期最后一段。

除了必要的自卫以外，都是不自然的，都是罪恶的，因为通常所谓的理由，即扩大管辖范围，或者发展对外贸易，都无法为战争作出正当的辩护。

但是，我想在一种例外的情形下，向别国宣战是无可非议的，即当我国人满为患，土地匮乏，而我们的邻国虽然拥有土地，却不愿意在与人为善、通情达理的条件下割让给我们，我们便只得执干戈以取土地了。唯有这种例外和必要的自卫才能替战争的存在找到正当的理论依据，为任何其他原因而发动的战争都无异于屠杀，双方死亡惨重，尸骨累累，触目惊心。这种结局是不可避免的，因为虽然如果以为造物主安排好世界，非让人类为了其他的原因而相互杀戮，相互残害不可，那就大错特错了，但是，以任何别的原因而酿成的战事一旦成为必不可免时，按造物主的摆布，就必然会出现这种令人惊骇的结局。

现在，我要来论证我国的贸易现状，和 1688 年相比，确实是迥然不同，江河日下了。

伊拉斯姆斯·菲利普斯在他的书中第 15 页上说道，1688 年也许是英格兰拥有财富最多的一年：当时的英格兰开展海外贸易也许已经有 150 年的历史了，因此拥有历经 150 年之久积累起来的财富。在第 17 页上，他又指出，1691 年后硬币的重铸，清楚地反映了我国银币的总数。从 1691 年到 1697 年，送进伦敦造币厂和其他各地造币厂的被切削、磨损或者敲凿过的货币达 840 万英镑，而且，完全可能还有很大一笔货币始终在流通中运用。查理二世和詹姆斯二世王朝铸造的加印花边的银币约为 220 万英镑，因此，可以假设，那时的银币总数大约为 1 100 万。至于金币数量，我们的计算如下：

伊丽莎白女王对旧币制进行了大刀阔斧的改革，在她的朝代铸造金币	1 500 000 英镑
詹姆斯一世王朝铸造金币	800 000 英镑
查理一世王朝铸造金币	1 723 456 英镑
查理二世和詹姆斯二世王朝铸造金铸	6 500 000 英镑
总计	10 523 456 英镑
减掉各种水分及浪费	3 000 000 英镑
剩下的金币为	7 523 456 英镑
加进前面的银币	11 000 000 英镑
1688 年在全国流通的硬币总数为	18 523 456 英镑

在 18 页上他又说道，有理由相信，这就是 1688 年我国在贸易和货币领域的状况。

我要全力论证的是，在上面列出的整个铸币时期，我国贸易所处的地位，确实使我们不可能失去上述硬币中的任何一部分，其中扣去的高达 300 万的水分及浪费撇开不论。

1645 年，受洗礼的人数是 7 966，死亡的人数是 11 479。

1689 年，受洗礼的人数是 14 777，死亡人数是 23 502。

可见，与 1645 年相比，1688 年受洗礼和死亡的人数差不多翻了一番，这就清楚地表明，在 44 年中，尽管发生了大瘟疫，出生和死亡登记上记载的伦敦、西敏寺等地的人口还是增加了 1 倍。尼高斯博士已经为我们证实了，在同一段时间里，农村人口的增长虽然不到1倍，但是，比例却也相当可观。

当人口增加1倍时，各种物品的一般物价，和原来相比，即使没有提高，至少也不相上下（在我看来这是众所周知的事实），而在1688年我们既没有多少国债，又没有起货币作用、会把物价抬高到超过硬币所能维持的高度的纸币财产——凡虽不是货币，但却能起货币作用的东西，都必定会导致这种后果，因此，物价能够基本上保持原来的水平而未曾降落，唯一的原因便在于流通中的真正硬币的大幅度增加。1688年前后和44年前相比，伦敦及整个王国的人口剧增，然而，正是硬币的增加即使不曾提高物价，至少也使各种物品的价格保持不变。

但是，我们没有金银矿，只有我国的对外贸易出现巨额顺差，硬币才能剧增，货币也才能在短短的44年中猛烈增加，因此，我认为完全不可能想象，在这段时期里前面叙述的铸币会有丝毫的减少。

不过，铸币的起源远远早于1645年，而硬币在1645年之前是否也未曾减少过，有人却认为仍然是个疑问。对此，我的答复是，众所周知，在1645年我国的贸易还只有100年左右的历史，可以说是尚处于青少年之时。而任何一个国家，对外贸易风气初开之时，总是出现顺差的。因为这种国家，只要没有金银矿，就绝不可能拥有大量的货币①，因此，它们的农产品和制造品必然价格低

① 对旧硬币作了大刀阔斧的改革的伊丽莎白女皇时期的铸币总数表明，当时我们的货币并不很多；而在国王查理二世和詹姆斯二世两个王朝，铸造了金币650万，银币220万，总计差不多达900万，则说明我国的贸易出现了巨额的顺差。由此可以看出，我的下述论断是完全正确的，即：在这两个王朝，人口的剧增是由我国外贸的巨额顺差引起的。

廉。这即使不是构成任何一个国家输出商品的基础的唯一条件，至少也是一项主要的条件。我国当时的情形正是如此。所以，从伊丽莎白改革旧币制到我所指出的人口剧增之时，对外输出必然成为增加我国的金银的手段。为了进一步论证这一点，让我再一次引用尼高斯博士在上述著作中的权威性言论，他指出："继续考虑一下，我国的人口在100—200年中增加得何等迅速，尽管内战频仍，外战不断，再加上自从新大陆发现以来，又有大量人口迁徙到美洲种植园。"如果在一两个世纪内我国人口确实增加这么多，而各种物价的上涨又是个不可否认的事实，那么，在此期间货币数量也必定增加，而且如前面已经证明过的和人口的增长以及物价的上涨恰成比例。我认为，由此看来，前面所谈到的铸造的硬币在1688年完全可能并没有减少，而确实依然在我们中间流通。

现在，让我们对照一下，看看我国目前的情形已经变得如何迥然不同，从而贸易状况又是怎样的大相径庭。

据我所知，按大多数人的估计，
我国的现金约为1 000万或1 200万。
但是，伊拉斯姆斯·菲利普斯却竭力
证明我国的现金高达[①] } 15 000 000英镑

① 剑桥大学植物学教授、皇家学会会员理查德·布拉德雷先生，在1729年印行的《关于去年的严冬以及粮食的稀缺与昂贵的哲学研究》一书第5、第6页上说道："根据一般的计算，1715年我们英国约有1 300万铸币；人们推断其中实际流通的约为1 100万：但是，自1720年至1724年或1725年，流通的货币据估计几乎不到700万，这种状况必然会损害穷人们的利益"；其实，我认为，还会损害所有其他人们的利益，程度自然不尽相同，我们知道原因也许在于如俗话所说的，最弱者必然一败涂地。

他在序言中说道，国债为 5 300 万，一般认为其中 1/6 掌握在外国人手里；即使考虑到国债现在已略有减少，外国人手中拥有的我国国债几乎也不会少于①	8 000 090 英镑
因此，可以称为属于我们自己的硬币金额为	7 000 000 英镑

和我们 1688 年时所拥有的硬币相比，少了 1 150 万镑。

我国硬币的锐减，不管主要归咎于威廉国王和安皇后王朝历次战事的巨额开支——毫无疑问，在很大程度上事情也确实如此，还是归咎于贸易差额——自 1688 年以来，我国对外贸易始终处于入超逆境，加速了硬币的外流，有一点是不言而喻的，即我国在自己所拥有的真正的硬币方面景况如此恶化，必然要对我国的贸易产生恶劣的影响；而大多数的商品和生活必需品的价格却由于纸币财产的作用，才超过了 1688 年以前的水平。

因此，我的结论是，既然我们自己掌握的硬币迅速减少，起货币作用的纸币财产又剧烈猛增，再加上外债累累，外国人除了向我们索讨大笔债款外，还不断地抽取利息，可见，和 1688 年相比，我国在自己所拥有的真正的硬币方面的状况江河日下，而贸易的情景也同样大不如前：因为仔细想来，这两者紧密相联，应该被看作是完全同一的事件，尽管我们使用了两个不同的名词以示区别。

① 1732—1733 年 1 月 20 日福格的《杂志》说，由于外国人掌握了我国的公债，我们向他们支付的利息每年可能达 40 万英镑：倘若如此，我们便至少欠他们 1 000 万英镑，以 4 厘计，利息就是 40 万；若以更低的利率来计算，则本金必然更大。

我为证明我国的贸易状况反不如1688年的第二点论据,在于自1688年以来人口的增长速度和1688年以前的44年中人口的增长速度之间的差别。

1730年,17 118人受洗礼,26 761人死亡。

1689年(我就是以这一年为分界的),14 777人受洗礼,23 502人死亡。

受洗礼的增加了2 341人,死亡的增加了3 259人,约占1689年的1/7,由此可见,自1689年以来人口的增加大约也是1/7,远远不如以前的44年,这就表明,我国的贸易状况反不如往昔,其程度和在差不多同样长短的时间内人口增长率减慢的程度大致相似。

当然,在这44年中人口急剧增加的原因之一,有人认为全在于大量法国难民纷纷来我国定居。但是,如果我们不改良为法国难民所必需的大量荒地,并按开垦荒地的比例降低我们的农产品和制造品的价格,从而使我国的贸易处于欣欣向荣的状态,我想他们原是不可能在我国找到立足之地的。然而,价格显然没有下跌,由此我们可以得出结论说,我们出口的农产品和制造品肯定大大增加了,从而足以为增加的如此众多的人口提供他们为抚养自己所必需的就业机会。在这个人口翻一番的时期铸造的货币差不多相当于我们以前流通的所有货币的总数,便证明了情形确实是如此,因为唯有出口远远超过进口,才有可能给我们带来大量的金银,换句话说,才有可能使各种物品的价格保持不跌。

由此可见,任何一个国家的人口是增还是减,最主要的决定因素在于贸易余额。因为寻找就业的人口总是流向贸易出现大量顺差的国家；反之，贸易出现巨额逆差的国家，人民便会弃之而去。我国的一些殖民地为此提供了可悲的例证，据报载——如果我们的报纸确实可靠的话，各阶层的大批人民正在离弃它们。要扭转颓势，没有别的出路，只有种植玉米，放牧牲畜，从这两种东西中差不多可以制造出各种物品，而不能光生产糖类，它们已经发现单靠糖类是无法为全体人民提供足够的生活必需品和舒适品的。但是，如果它们自己生产必需品，而且产量大得使它们能够像法国人一样廉价地从事劳动，我们的种植园很快会取代法国人重新成为糖类生产的中心，或者至少在糖类和所有其他与它们的土壤及气候等天然条件最相适宜的贸易领域中占有一定的份额——而现在，糖类生产中心已经从我国的殖民地转移到了法国，糖类贸易也由我国落入了法兰西手中。

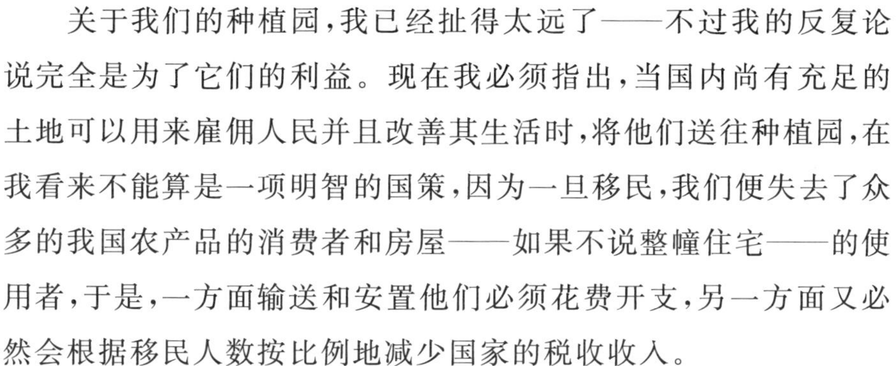

关于我们的种植园，我已经扯得太远了——不过我的反复论说完全是为了它们的利益。现在我必须指出，当国内尚有充足的土地可以用来雇佣人民并且改善其生活时，将他们送往种植园，在我看来不能算是一项明智的国策，因为一旦移民，我们便失去了众多的我国农产品的消费者和房屋——如果不说整幢住宅——的使用者，于是，一方面输送和安置他们必须花费开支，另一方面又必然会根据移民人数按比例地减少国家的税收收入。

倘若我们反其道而行之，结果只不过是将我国殖民地的贸易置于我现在所指出的基础之上，而其他国家的许多人民不久便会抛弃自己的蛮不讲理、压迫成性的政府，到我国的种植园去寻求一个由那里的贸易状况自发产生，并与之必然相连的安居乐业之地。

对此以及对柯尔培尔先生的高见的正确性我都深信不疑，他在致法兰西国王的答复中(《卫报》第五十二期)[1]启禀陛下，一个国家的人民如果知道有什么别的国家，在那里可以过上惬意的生活，他们就绝不会甘心留在自己的国内忍饥挨饿。

我提出的证明贸易状况不如以前的第三点论据，是大量房屋无人居住，不仅在郊区和新建的大楼中是如此，就是斯特兰街、舰队街、路德吉特—希尔街、齐普塞特街和康希尔街也不例外；因为我认为，齐普塞特街和康希尔街上的房屋空关着无人居住，是伦敦贸易萧条的一个无可辩驳的证据。在我看来，新造大楼的数量即使超越了目前所允许的限度，康希尔街几乎也不会受到丝毫的影响，因为只要皇家交易所屹立在那里，只要船舶无法穿过伦敦桥，我认为康希尔街就理应保持它迄今为止显然一直占据着的贸易中心的地位。但是，康希尔街的贸易状况发生了何等巨大的变化！在原来居住着富有的批发商的房子里现在却挤满了女帽商、面包师和其他做小生意的商人，而另外一些房屋甚至空关了好些时候。如果不把这一变化归咎于伦敦贸易状况的恶化[2]，而到别处去刨

① 1713年5月11日。

② 有人认为，伦敦的贸易状况之所以远比以前糟糕，原因在于战后的和平。和平打通了王国所有港口的贸易渠道，使大多数港口都能和外国展开商业活动。而在上次战争期间，对外贸易几乎全都集中在伦敦港，而其他港口则由于经商规模小，难以停泊护航的船队，在战争期间，没有护航的船队自然无法进行国际贸易。对此，我只想指出，在伦敦、西敏寺以及郊区人口增加1倍——这一点前面已经说明过了——的差不多整个时期中，王国的所有港口都和乌德勒支和约*签订以来一样畅通无阻，可以自由地从事海外贸易。

* 荷兰乌德勒支省省会，1713年在该市缔结的条约结束了西班牙继承权战争。——译者

根究底，那在我看来简直是大谬不然，而伦敦在我的心目中又永远是全国贸易状况的晴雨表。

我早已注意到，有人将大量的房屋无人居住一事归因于近年来新造的楼房。但是，我认为近 40 年来房屋的建筑数量绝不能和前 40 年相比，在前 40 年中，大兴土木，造的房屋必定和伦敦、西敏寺及其郊区原有的房屋不相上下，因为人口翻了一番（如出生死亡记录所表明的），他们居住的房屋也不可避免地翻一番。至于为弥补发生在那个住房增加 1 倍的时期的伦敦大火所必然要造成的损失而建造的房屋，我则撇开未加考虑，虽然其数量想必是大得惊人的。显而易见，最近 40 年中造的房屋绝不可能和前 40 年相比，否则的话，现在的空房子还要多得多，因为在最近的 40 年里，人口的增加大约还不超过 1/7，而在前 40 年中，如已经证明了的人口差不多要增加 1 倍。

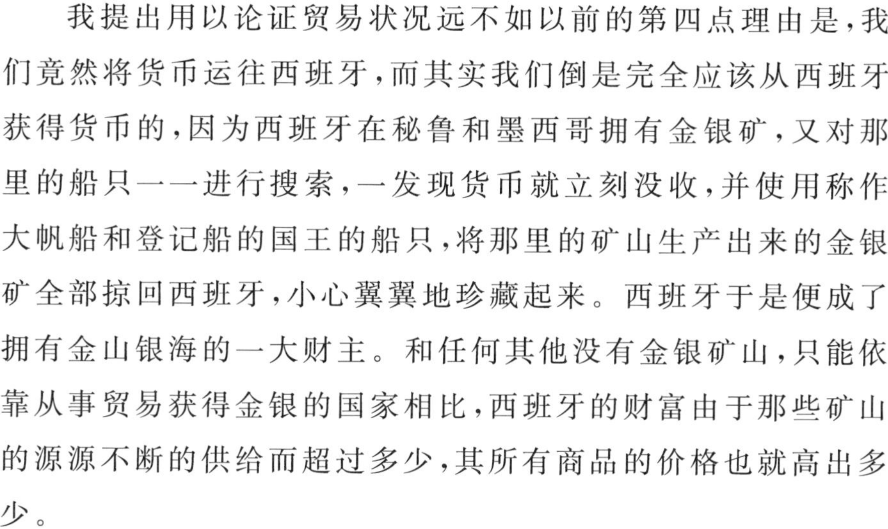

我提出用以论证贸易状况远不如以前的第四点理由是，我们竟然将货币运往西班牙，而其实我们倒是完全应该从西班牙获得货币的，因为西班牙在秘鲁和墨西哥拥有金银矿，又对那里的船只一一进行搜索，一发现货币就立刻没收，并使用称作大帆船和登记船的国王的船只，将那里的矿山生产出来的金银矿全部掠回西班牙，小心翼翼地珍藏起来。西班牙于是便成了拥有金山银海的一大财主。和任何其他没有金银矿山，只能依靠从事贸易获得金银的国家相比，西班牙的财富由于那些矿山的源源不断的供给而超过多少，其所有商品的价格也就高出多少。

正是这种情形，为我国以及其他没有金银矿山的国家提供了,并且按事物的内在本质也应该提供从销售商品给西班牙中所获得的益处,我们和西班牙以及所有其他拥有金银矿山的国家的贸易便会出现顺差,由此得出的结论是,如果我们反而支付货币给西班牙,那就说明,我国的贸易现状确实是相当糟糕了。从记录清单中可以看出,我国向西班牙的加的斯的输出情形如下:

1732 年 9 月7 日——2 000 盎司黄金
9 日——2 000
11 月 4 日——2 000
12 月 16 日——3 000
19 日——1 000
1 月 7 日——3 000
总计 13 000 盎司黄金

也就是说,在这短短的时期中输出了大约 5 万英镑黄金。从清单上我还可以举出许多例子,但是,以上的数字不仅足以证明我国的贸易,和我们曾经对西班牙出现顺差的时期比较已经相去甚远,而且足以证明我国的贸易状况确实糟糕至极,除非有人能够证实,就银子而言,黄金在西班牙比在我国贵得多,因此,同样数量的黄金在西班牙所能购买的银子就比在我国要多得多,而多余的部分,除支付输出黄金、输入白银的运费,输入、输出的保险费、邮费,以及给西班牙商人的佣金等费用之外,还有一笔可观的利润,足以诱使我国的商人去经营输出黄金、换回白银的贸易。

除以上各项开支外,还必须加上在加的斯和我国之间来回远洋航运所需时间里预付款的利息。而收益几乎不可能少于5%，因此，就黄金而言，白银在西班牙的价格必须比在我国至少低5%。但是，我想我可以肯定，金银的差价在两国绝不可能达到如此悬殊的地步，否则，从巴西获得大量黄金的葡萄牙会发觉，与西班牙进行金银交易是一项有利可图的买卖。葡萄牙与西班牙相邻而居，只需花费一半开销，只求获取一半利润，就可以从事这项交易，而我们与加的斯相距遥远，费用和利润都必须加倍。

葡萄牙商人懂得挣钱的门道，其精明不逊于任何人，如果他们能够在西班牙用黄金廉价地购进白银，然后以高得多的价格转手卖给我们，其买卖差价决定于以黄金计算白银在我国的价值超出他们为白银所付出的代价的程度，在这种情况下，怎么还能想象他们的黄金竟然会流进我国呢？而我们现在确实看到黄金在我们两国之间流通。

于是，我得出结论，我们向西班牙输出货币的唯一原因在于西班牙对我国的贸易出现了顺差。而我们的市场价格之所以还能上升，并居高不跌，使我们从西班牙购入的货物的价值超过西班牙向我们购买的货物，其唯一的原因我认为就在于纸币财产的泛滥成灾，在纸币财产中我们包括了在我们中间起货币作用的各种各样的公债、银行券等等。在我看来，我国目前的情形必然是如此，虽然我们运往西班牙的只是真正的黄金。因此，可以说我们是把煤送回纽卡斯尔。如果我们听之任之，结局确实也不可能会有区别，只是我们现在谈论的事关系重大，因为金子的价值远比煤贵重得多。

我必须承认曾经听人提起过，西班牙商人为了避免近年来国王船只在运送货币时常有的耽搁拖延，同时也为了避免支付因使用了国王的船只而需要支付的费用，已经没法使用我国的船舶把他们的货币运到英国，于是，就导致了黄金从我国输往西班牙的局面。但是，这种贸易在我看来对西班牙商人和我国的船舶都太危险了，因此，我不知道有什么充足的理由可以接受这种说法。

我论证我国的贸易状况远远不如以前的第五点理由，是对一个一夫一妻、4 个子女外加一个女仆的中间等级的家庭最低限度开支所作的如下估算。我想，一个人如果拥有这样一个家庭，又拿出自己的 1 000 英镑去做生意，按我的估算，他是应该可以按我的估算那么生活下去的。如果连这样一类家庭都无法得到足够的生活必需品——我相信，以后可以看到奢侈品我在估算中根本就未加考虑，那我想我们应该干脆放弃贸易，去寻找别的谋生之道。因为贸易毕竟是以物品的消费为最终归宿的，而物品的消费则是进行贸易的唯一目的，所以，如果谁使用了 1 000 英镑钱，还不能供给这样一个中等阶层的家庭以必需而又普通的物品，那么，物品消费的情形又会怎么样呢？或者，换句话说，贸易的状况又会怎么样呢？因为毫无疑问没有一个人是这笔钱的真正主人。

倘若这样的家庭都不得不节衣缩食，省掉许多的普通必需品，那么，条件还要差的商人，如果有妻室的话，就更得如此了。

对一个一夫一妻、4 个子女外加一个女仆的中等阶层家庭最低限度开支的估算，我认为这是一个大小适中的家庭。

	每人每天开支	全天家每开支		每周开支			每年开支	
	便士	先令	便士	镑	先令	便士	镑	先令
供 7 个人吃的面包	$\frac{3}{4}$		5 $\frac{1}{4}$		3	$\frac{2}{4}$		
黄油	$\frac{3}{4}$		5 $\frac{1}{4}$		3	$\frac{3}{4}$		
奶酪	$\frac{1}{4}$		1 $\frac{3}{4}$		1	$\frac{1}{4}$		
鱼和肉	2 $\frac{1}{2}$	1	5 $\frac{1}{2}$		10	2 $\frac{1}{2}$		
块根植物、草木植物、盐、醋、芥末、泡菜、佐料和除茶叶、糖之外的杂货	$\frac{1}{2}$		3 $\frac{1}{2}$		2	$\frac{1}{2}$		
茶叶和糖	1		7		4	1		
家庭成员和屋内外各类东西洗涤所需的肥皂	1 $\frac{1}{2}$		10 $\frac{1}{2}$		6	1 $\frac{1}{2}$		
针线、别针、纱带、毛线、滚条和各种服饰用品	$\frac{1}{2}$		3 $\frac{1}{2}$		2	$\frac{1}{2}$		
每天的牛奶			$\frac{3}{4}$			5 $\frac{1}{4}$		
蜡烛一年四季每周 2 $\frac{1}{2}$ 磅					1	3		
砂子、漂白土、白垩粉、煤屑和砖粉						2		
每周 1 $\frac{1}{4}$ 佛升* 淡啤酒，合 10 先令					3	1 $\frac{1}{2}$		
家用和请客所需的淡色啤酒					2	6		
煤，每年需用 4—5 肖尔特仑**，估计约为					2	6		
家庭物品的修理，如台布、被褥、床单和各种家用器具					1	6		
每人每周 6 先令 2 便士，7 口人合计约为				2	3	1 $\frac{1}{2}$	112	10
男主人的各色衣物							16	
每季度修面 7 先令 6 便士，擦洗鞋子 2 先令 6 便士							2	
女主人的衣物，她不能添置许多衣服，也不能添置绣有漂亮花边的衣服							16	
因生孩子而开销的额外费用，假设每 2 年 1 次，每次 10 英镑							5	

4 个孩子的衣服,每人每年 7 英镑	28	
4 个孩子的教育,包括与此有关的一切费用,假设每人每季度至少 10 先令	8	
女仆的工资	4	10
男主人的零花钱,假设每周约为 4 先令	10	8
女主人和 4 个孩子购买水果、玩具等,每周 2 先令	5	4
回请亲戚朋友	4	
全家每年的药品以及因生病而花费的额外开支,也许大大超过	6	
全家偶尔为了健康和娱乐的目的而到乡间去住宿,或者如这样一个家庭通常认为必需的那样送一个孩子到国外去抚养,其中任意一项约需	8	
	225 镑	12
房租和税款约为	50	
和顾客做交易的费用,车马费,圣诞节赏钱,邮票费用等,为凑成整数,估计至少为	19	8
倒账很容易占去 2%的资本,假设资本额为 1 000	20	
	315 镑	
为了身后给孩子和妻子(如果她还健在的话)每人留下 500 英镑,必须在 20 年中每年积蓄	75	
根据这个估算,1 000 英镑资本每年应该挣得	390	

* 英国容量单位,折合为 9 加仑或 40.9 升。——译者

** 英国旧重量单位,相当于 32—72 蒲式耳。——译者

如果取约数的话,我认为,为维持这样一个家庭的生活,并且为在身后给 4 个孩子以及妻子每人留下 500 英镑——倘若妻子还健在的话,否则,每个孩子的份上也只能增加 125 英镑,每年需获利 40%。在这里,我假设一个人从结婚到死亡可以活 20 年,我认为 20 年基本上就是每一代男女生活的间隔年限。自然我的意思并非是说,在结婚之后没有一个男子或女子可以活到 20 年以上,我知道不少人的寿命比我的假设要长得多。但是,我仍旧确信,诚然有许多人的寿命超过这个年限,不过,也有同样的许多人从来没有活满这个年限。与此相似,有些父母常常不得不抚养 5 个、6

个、7 个、8 个，甚至 8 个以上的孩子，虽然更多的父母抚养的孩子却连 4 个都不到。

那些碰巧有 7 个、8 个孩子的父母将会发觉，按我的估算，为了给 4 个孩子每人留下 500 英镑，每年积蓄的 75 英镑钱，拿来是很难支付因子女众多而引起的庞大费用的。如果使用 1 000 英镑钱经商每年所得连最低限度的 40％都不到，那么，一个人要是儿女成堆（而这种人事实总是为数不少的），负担就一定不堪忍受了，他不仅无力为子女留下任何遗产，让他们独立谋生，而且，不消几年时间，自己也必然每况愈下，日趋穷困了。

但是，我列出前面的估算，并不仅仅是为了说明一个中等阶层的家庭要维持体面的生活必须花费多少开支，而主要是为了论证我们现在的贸易状况反而远远不如 40 或 50 年前，因为 40 或 50 年前，那些起初并不富裕的人即使如我的估算所假设的有 4 个孩子，最后为每个孩子积蓄 5 000 英镑或者更多的钱也都是习以为常的事。这是众所周知的情形，我不想为此提出任何证据，而视它为理所当然的事实，并且毫不怀疑我身为一个阅历颇深的商人所作的明智审慎的观察，是会得到人们的承认的。我还认为，在目前的一般贸易状况下，1 000英镑资本每年是绝对得不到 40％的收益的，甚至要达到 20％以上也许都不大可能。但是，我并不是说，根本就不存在获利 40％的实例，因为只要我们中间依然有贸易活动，也许就总会有人获得 40％的高利润。然而，我相信，这种例外为数寥寥，不仅难以发现，而且简直难以想象，因为差不多各行各业都人员充斥，40％的收益根本就无法实现。我还深信，40 或 50 年前，凭微薄的家产就给子女积聚起可观的遗产的事，远比现在

1 000英镑资本获利 40%的事多得多。因此,我想完全有理由得出结论,现在的贸易状况比以前要糟得多。但是,假如将我国的贸易置于我所指出的基础之上,1 000 英镑资本即使收益不到 30%,也能够和现行物价下的 40%的收益一样,足以抚育和供养这样一个家庭。到那时,各种物品的需求和消费会大幅度增加,一笔1 000英镑资本每年获利 30%,和现在获利 20%一样轻而易举,因为那时我国的贸易就会出现我所孜孜追求的欣欣向荣的局面。

从我的论述和估算中一定可以看出,正是由于富人的存在,商人们才不得不以低于正当而合理的价值从事各项交易和买卖,其间的差额和 1 000 英镑款子现在通常产生的利润与为估算所证明的一个大小适中的中等阶层家庭的必要开支之间的差额完全相当。因此,本书前面所提出的财产在广大人民中的分配,不仅对于劳动人民的利益来说,而且对于商人的利益来说,都是绝对必要的。两者加起来显然要占全国人口的 19/20 以上①。其中的绝大多数,根据两个估算来看,似乎都处于就各自的生活地位而言完全相同的困境之中。倘若事情确实是如此,那么当我们目睹穷人们

① 全国每年的地租总额是 2 000 万英镑,平均每个绅士先生每年平均按 500 英镑计算,让我们来看,我国可能有多少绅士先生。我想按 500 英镑计算,可以合乎情理地想象有多少完全以地产为生的绅士先生,于是,也就可以把全部地租划分成同样的份数。2 000 万除以 500 得 4 万,即根据我的假设我国有 4 万以自己的地产为生的绅士先生。但是,如果考虑到存在着许多大的地产,而根据现行物价能够单单以每年 500 英镑的收入维持生活的绅士先生又寥寥无几,因此,完全以地产为生的绅士先生的人数很少有可能接近 4 万。即使以 4 万计算,再加上妻子、儿女以及仆人,如果平均每家为 8 口人,在根据推测我国至少拥有的 800 万人口中也不过只占 1/25。剩下的除在政府机关供职外,必然是以经商或劳动为生的,按此计算,他们的人数一定占全国人口的 19/20 以上,如我前面所说的。

的悲惨遭遇，目睹连中等阶层的人们也纷纷倾家荡产，还有什么可大惊小怪的呢？因为根据两个估算，在我们目前的情形下，事物的本质似乎就充满着诸如此类的痛苦和灾难。如果悲惨遭遇和倾家荡产的事例不是亲眼所见，到处可见的话，那我们也许反而会感到大惑不解了。

从我的估算中一定还可以看出，如果使用 1 000 英镑经商，每年应该挣得高达 40％的收益，那就必须采取一切必要手段，促使各种各样的物品的消费达到为事物的本性所完全能承担的程度。但是，前面已经充分证明了，消费即使达到了这种程度，似乎也很难满足人民仅仅根据其各自的地位和等级所必然具有的各种需求。此外，为了尽可能快地收回投在贸易中的资本，也必须扩大消费，因为资本回收越快，商品到达消费者手里时就越便宜；资本回收越慢，利润越高，也就是说，商品卖给消费者时便越贵。否则，商人就一定要受到损失，但是，这是极其不合理的，因为进行贸易的目的纯粹是为了便于消费者的使用和增进消费者的利益。

我的估算还表明，贸易中接受长期信贷是完全不合适的，因为在准备提高以分期付款的方式出售的商品的价格时，应该考虑的不是抵押货币的利息，而是运用资本所要获得的能够满足经商的目的的利润率，至于经商的目的不仅在于不断地赡养家庭，而且还在于为子女积蓄钱财，以便使他们以后的生活水平即使不超过父母，至少也与父母的大致相当。社会地位低于中等阶层的人们，则毫无例外全都更加贫穷，因此，如果商人普遍地日益陷于窘迫的境地，那么，地租不仅会普遍下降，而且甚至会完全消失，这种后果，我想大家除了亲眼目睹之外，已经有了切肤之痛了。

所以，我认为，当前在商业中极其盛行的发放长期信贷的做法应该加以制止，因为这种做法势必殃及土地所有者，或者抬高他们使用的消费品的价格，或者压低他们的地租，要不就两种危害同时存在。

为了证明我们的贸易状况不仅现在远远不如以前，而且在过去相当长的时期中一直在日趋恶化，我最后还要提出以下的论据，即我国人民的劳动价格比大多数邻国都来得昂贵，结果对我们的贸易无疑产生了致命的打击，以致使我们的各个邻国在不到半个世纪里，便纷纷开始生产以前只是从我国进口的制造品；我国的不少大小商人不仅注意到了这个现象，而且还为此唉声叹气。众所周知，劳动的昂贵终于被发现是我国农场主身上的一个沉重的包袱，因此，我国一些地方的绅士先生们和治安法庭，最近在公开审讯中，不得不对仆人的工资率作出调整，试图改变劳动昂贵的弊病。这种尝试虽然是不自然的，也不可能达到预想的结果，但是，却向人们表明了我国贸易状况之不堪设想。因为倘若我们的劳动果然昂贵的话——事实上也的确是如此，那么，我们的一切商品也必定昂贵；这就必然会大大减少它们的销售量和消费量。由此可以得出结论，降低劳动工资率的公开尝试无疑便是在大声疾呼，我国的贸易现状太糟糕了。

罗列了在我看来是完全足以证明我国的贸易状况大大不如以前的种种理由之后，我知道还是有人会提出反对意见的，认为我们现在国内的贸易额和过去相同，因此贸易并不像我所论证的那么糟糕。虽然我原应该接受这些反对者的看法，但是，我想我还能够摆出几条论据来进一步说明，我国的贸易现状确实远远不如过去：

首先，在最近的半个世纪里，我国的人口急剧增加，我在前面已经说明了，伦敦人口在近40年中就大约增加了1/7。威廉·配第爵士说，如果没有战祸，瘟疫或者向遥远的殖民地移民，那么，一国的人口在200年中就可以翻一番。而40年占到他所说的人口翻一番的时期的1/5，根据他的权威论断可以推算出，我国的人口在最近的40年中也必定增加1/5。因此，除非我国的贸易相应地也比40年前扩大1/5，但是，这个论断我相信是无法得到证明的，否则就可以得出结论，和人口的增长幅度相比，我国的贸易的缩减程度，也就说明了贸易的恶化程度。

我知道，有人会提出反驳说，在半个世纪里，我国和法兰西两次开战，而由于威廉国王的进入在爱尔兰又打了一仗，因此，不能用配第的权威来论证我从他的论断中推论出的这么大的人口增长比例。对此我提出的申辩是，在革命期间以及在和法兰西的两次战争中，我国的贸易兴旺发达，因此，从国外吸引来的人口反而超过了可能被战争杀害了的人口。

其次，即使承认，我国现有的贸易额和过去相同，但是，同时也不能否认如果从事商业只是为了获得低于以前的利润，那么，贸易必然比以前衰退；而利润下降的事实是确定无疑的，恐怕不会不为人们普遍地接受。此外，我想关于我后一个估算所作的阐述，也同样足以证明这个事实。如果经商的利润降低，而生活费用反而比过去大大提高——我知道这一点也是很容易为人们所承认的，我认为那就可以肯定，贸易一定比以前糟糕得多，即使我国的贸易额并不减少也无济于事。虽然我提出的论据已经足以证明，贸易的状况和以前远远不能相比，而伦敦尤其如此，但是，我想说明一下农村的贸易现状也许并不是毫无必要的。

很长时期，人们一直在说，我国不少地方的许多农场主由于农产品价格低贱和劳动的昂贵，被迫放弃农场，还给地主。最近，这种情形更是普遍蔓延，连报纸[①]也如实地告诉我们，要不是在意大利爆发战争，使得谷物价格骤然猛涨，全国大多数农场主都必然逃脱不了破产的下场。那些争辩说我国目前的贸易欣欣向荣的人们，即使自信心最强的似乎也承认这是事实，但同时却宽慰自己，说那是由于农村的绅士先生们的生活方式和花钱方式与过去迥然不同了。然而，即便这是事实，在我看来这也不足以解释目前农产品价格之低贱，抑或劳动之昂贵。相反，农场主们的观点倒不无道理，他们认为，近来他们一直在谷价低贱、劳动昂贵的不幸的两难境地中经营农业，才是他们破产的根源。

农场主们如前面所说的普遍濒临破产的事实，似乎已经得到肯定，现在我想探讨一下，当农场主们普遍陷入这种可怕的境地时，农村的贸易便必然会处于一种什么样的状态：因为我认为，农村的贸易即使不说完全，至少也可以说主要是依靠农场主的普遍兴旺发达。因为我相信，如果农场主们一般都贫困到无法在土地上种植各种主要产品，村民便只能生产寥寥无几的制造品；农场主若普遍破产，情形必然更是如此了。绅士先生们即使亲自经营农场，于事也毫无裨益。他们甚至已经切身体会到了，凡是农场主们

① 见 11 月 7 日的《意大利草帽》报。该报称：皇帝已严令禁止那不勒斯和西西里出口谷物。因此，我们可以指望西班牙和意大利对英国谷物的需求将会大大增加，从而能够拯救农场主们避免破产的下场，否则，这种结局是不可逃脱的。参见 1733 年 11 月 17 日的《伦敦和白厅》晚邮报。

发觉无法赖以维持生计的农场，必然给他们招致债务的负担，结果不仅使农场主们破产，而且使他们自己同样也破产。由此可以得出结论，如果承认农场主们纷纷破产是事实，那就说明伦敦以及农村的贸易全都大大不如过去。过去，农场主的繁荣和其他种种因素，使绅士先生们几乎普遍都能抬高地租，众所周知，在以前的30—40年中，他们也确实是大大提高了地租。

现在，我要来答复在我们所描述的目前情形下似乎会妨碍上述看法的一种反对意见，即有人反对说，既然在目前正是由于农产品丰富才造成其价格的暴跌，从而使得农场主付不起地租，那么，由此得出的结论便是，我们开垦和改良的土地已经过剩了，因为只有使用的土地太多，才会导致农产品的这么丰富。

为了答复这种反对意见，我首先要指出，物价下降太多不仅由于所讨论的物品本身的丰富，而且由于一般人民购买满足自己需要的物品的能力的不足，使得经营者无利可图。若考虑到人民的需求，任何物品消费量的大大减少，对压低物价中所起的作用，甚至大于物品的丰富所起的作用。① 谁只要思索一下我提出的、证明了人民通常所得到的远远无法满足他们的需求的两个估算，就会把现在农产品价格的低贱归咎于人们所说的物品的丰富，和消

① 如果人民的需要被过分削减，他们就必然会因此而就业不足并白白浪费时间，这会提高他们工作时间的价值，因为虽然只让他们工作一半时间，但他们生活的最低需要却不会减少。于是，他们生产的物品就会变得太贵了，使经营的人无利可图，因为物品价格昂贵所造成的需求和消费的不足，（在提高生产费用的同时）将会压低物品的价格。反之，如果我们想降低物价，就应尽可能不让人们浪费时间，因为唯有充分就业才能降低各种物品的价格，从而使人民有能力购买和消费他们自己生产和制造的全部物品。同时，也唯有需求足够大，才能使各种物品的生产达到有利可图的程度。

费的减少两个因素，并且能够看出，二者在这方面所起的作用至少不相上下，因为从两个估算中可以清楚地看出，人民的需求受到了极大的限制而未能得到充分的满足。

此外，这种反对意见是违背事物的本质的，在它看来似乎物品的富裕本身便是一大罪孽，常常会使农场主和绅士先生破产，因为农场主如果缴不起地租，便总有一天会遭到剥夺，落个倾家荡产的下场，而倘若绅士先生们从自己的土地上得不到地租——如这种反对意见所表明的，他们也一定会破产。其实，物品的富裕势所必然、不可避免地会促进和扩大其消费，因此，就其本质而言，是一件普遍的好事，是一个普遍的福音。可见，这种认为物品的富裕是个罪恶，甚至是个罪魁祸首的意见，必然是和事物的本质相矛盾的。

再者，即使果真如这种反对意见所说的，我们确实已经耕种了过多的土地，使得农产品过于丰富，从而价格下跌，以至于地主无法从自己的土地上收到地租；但是，只要能够证明（我认为我在本书中所说的也已经证明了）为了给全体人民以充分就业，以便使他们的合理需求能够得到满足，还需要开垦更多的土地，那就可以得出如下的结论，不管绅士先生们从自己的土地上能不能收到地租，人民都有正当而合理的权利，开垦为得到充分就业和舒适生活所必需的足够的土地，因为造物主赋予每个人以权利去占有他在其中呼吸的空气，同样也赋予每个人以权利去开垦和使用他能够开垦和使用的土地。正如没有空气他无法呼吸，不耕种土地以获得满足自己需求的各种物品，他也就不能生存。就此而言，人类生来就是一律平等的，而对任何人的这一天赋权利的丝毫侵犯，在道理上都是站不住脚的，除非谁能清楚地证明，剥夺某些人的天赋权利对所有的人毫无例外都是有益无害的，因此，他们理应出钱购买自己耕种和享用的土地，或者为此而缴纳地租。的确，假如我能证明管理得井井有条的政府比纯朴的无政府状态优越(我认为霍屯督人在这方面即使不是世界上唯一的，也是重要的实例)，那我毫不怀疑我就可以清楚地证明剥夺人类的某些天赋权利对所有的人都是有益的。但是，我相信，我倒宁愿人们处于原始状态，也不愿意看到世界上存在着任何蛮不讲理的或者压迫成性的政府。不管怎样，我坚决否认目前存在着，或者以前曾经出现过如这种反对意见所说的农产品富裕的情形，因为农场主将农产品运到市场上去出售，总是可以换回现钱的。任何一种物品，其需求始终非常之大，使它成为一种可以立即脱手的商品，再说它数量过多，就绝不可能是言之成理的。因为如果商品对于需求来说确实是太多了，那就只得赊卖，我们知道不少商品和制造品都是如此。而任何一件物品之所以要赊卖，其唯一的根源和起因便在于数量超过了需求，由此可以得出的结论是，农产品既然出售时总是换回现钱，那么，其数量就不能说是太大的。在这种反对意见所说的商品中我理所当然唯一关心的食物和饮料，出售时一般都是换回现钱的，甚至卖给最贫穷的消费者时也不例外，因此根本谈不上数量太多。购买这两种最基本的生活必需品而不付现钱的人，相比之下却寥寥无几，即使赊账的人一般说来，也总是在很短的时间里便付清购买最基本的生活必需品的欠款，除非他根本无钱还债，又碰巧有人向他赊卖。我相信，大家都知道这是事实，我用不着担心我的看法会得不到普遍的支持，而我的论点的真理性是否成立，完全在于能不能得到普遍的支持，在此，要想提出其他的论据完全是办不到的。

目前,农产品的售价太低,使农场主们连地租也付不起,其原因如果不在于农产品的丰富——我相信,我已经充分证明了这一点,那就有必要对引出这种反对意见的可悲的事实的起因作出解释。因为我也承认,当前如此众多的农场被人遗弃,并退还给绅士先生们,这在英国历史上是没有先例的。

我认为一般人民手中货币的极端匮乏,如果不是唯一的原因,至少也是一个主要的原因。为了论证我的观点,我必须说明货币充足的特征是什么,而货币奇缺的表现又在哪里。

货币数量充足有如下一些特征:房屋都住满了房客,房租如数付清,甚至还要索取罚金;土地地租一般也按时如数缴纳;救济穷人的负担没有达到难以承受的地步;大街小巷上也没有盗贼匪徒滋扰;在这种形势之下,贸易确实可以说是欣欣向荣的,或者也可以说,推动贸易的货币数量是足够充足的,而在这个限度之上,再要增加货币则是完全不可能的。

然而,现在众所周知,无人居住的空屋比比皆是,索取罚金的事已经一去不复返了,地主们不仅常常将房子修缮一新,以招徕房客,而且降低了,并继续在降低房租;穷人人数猛增,我们只得将他们大批输往国外;大街小巷上,匪徒出没,其猖獗横行简直闻所未闻;最后,现在地主从自己的土地上几乎收不到地租,这是反对意见也承认的;所有这些征象和前面所列举的恰巧相反,因此,必然是贸易衰退的确凿而明显的证据,或者用意思完全相同的另一句话来表达,是一般人民手中货币极端匮乏的确凿而明显的证据,前面所描绘的情形,便自然是贸易发达和一般人民手中的货币数量充足的证据和表现;除此之外,我不知道还能提出什么更令人信服

的证明，在我看来，需求提出更令人信服的证明本身就是不近情理的。

如果以前由于房屋全都住满了房客，房东不仅可以征收房租，而且常常可以收取罚金；救济穷人不像现在那样成为不堪承担的重负，大街小巷上没有盗贼匪徒骚扰，土地地租确实不仅能及时支付，而且还会有所提高；而目前，绅士先生们从自己的土地上几乎收不到地租，一切截然相反的现象和症状，全都在我们身上显露出来了，那就必然表明，贸易之所以如此萧条，一般商人挣不到钱支付房屋的正常地租，农场主也挣不到钱缴纳农场的地租，起因不在于农产品数量的泛滥，而在于人民手中的货币的极端匮乏。

这和我对自己的第四条原理所作的说明完全吻合，即：如果人民拥有的货币减少，他们就必然贫穷，除非人口也按同样的比例减少，或者物价按同样的比例下降。既然上述的症状和现象足以证明一般人民拥有的货币极端匮乏，它们同时必然也足以证明人民手中的现金已经急剧地减少，或者至少是现金没有按人口增长和物价上涨的比例增加。

由此可见，如果我已经作出了答复的那条反对意见所包含的事实中还具有什么真理的话，这就是：凡有害于贸易的，必然也会危及土地地主和房屋地主的利益。

倘若那种反对意见也承认地主收不到地租的确是事实，而我所提出的理由如我所确信的又足以答复那种反对意见，我们就可以得出结论：绅士先生们如果想从自己的农场上收取任何地租，就必须尽快地采取措施，促使大量的土地得到围圈和开垦，以便真正地、大幅度地降低劳动的现行工资，和农场主的生活费用，从而使得农产品在市场上所卖得的价格不仅足以支付一切开支，而且还有剩余，可以用来缴纳地租——人们将会发现这笔地租正是土地所能产生的地租。而当劳动等必要开支和农场主自己的生活费用依然相当昂贵，与农产品在市场上的卖价不相上下时，谁也无法再缴纳任何地租给绅士先生们。那种反对意见表明，目前的情形正是如此。我相信，不管反对者们对这种灾难的看法如何，削减农产品总是无济于事的。

因此，可以确信，完全能够大幅度地降低劳动等必要开支以及农场主的生活费用，从而使农产品在市场上所卖得的价格中扣除成本后还有剩余，足以支付一笔地租；因为当农产品的价格几乎不到现在的 1/30 时，人们还确实缴付了一些地租，犹如过去在我国确实一直存在着以自己的地产为生的绅士先生们一样。如果按我前面已经充分阐明的，劳动工资的降低会使一切物品的价格下跌，而且物价下跌的比例要超过地租下降的比例，那就必然可以清楚地看出，在这种情形下，一定有剩余可以用来支付地租，而绅士先生们也会因为贯彻能有效地降低劳动的现行工资率的种种措施而富裕起来。我希望由此可以充分显示出，绅士先生们没有任何理由对我极力主张的开垦大量荒地的建议担惊受怕，因为除此之外也许没有任何其他的办法可以使他们获得地租。不过，我还得补充一点，取消全部商品税对于他们征收地租是大有裨益的，因为可以肯定，目前税收本身、征税的费用加上由此引起的物价的上涨；如我前面已经证明的差不多占去了全国一半的地租。我的确相信，把在劳动者消费的商品上所征收的税款全部取消，是完全必要的，否则劳动的价格便几乎无法降低。

促使我产生这种想法的，是税收会引起物价惊人的上涨的结果，倘若将盐税取消，然后重新恢复，我们就可以得到一个无法否认的例证。盐税曾经一度取消过，结果街上就有人大声叫喊3磅盐只卖5法新；但是，盐税一恢复，盐到了消费者手中时价格马上又上升到5法新1磅的水平（和税收取消前相同）。可见，对消费者来说，盐税使盐价上涨了2倍。这一事例使我相信，单单依靠耕种大量土地是无法降低劳动工资率的，同样也无法降低物价，除非同时辅助以取消对劳动者消费和使用的物品所征的全部税收的措施。我敢说，倘若实践一下的话，这个结论是能够得到证实的。

但是，也许还有一两个疑点必须加以解决。首先，我国的许多地产都业已抵押，地租一旦由于贯彻上述建议而大幅度降低，不少抵押地产的价值就会低于抵押时的定价，这对许多人来说不啻是个沉重的打击。但是，依我之见，只要明智的国会认为应当制定一条法令，规定围垦和改良为有效地实践本书提出的宗旨所必需的大量公地和荒地（我相信如没有这样一条国会法令，本书的宗旨几乎是无法付诸实施的），那么，我说，依我之所见，法令中就应该加上一项条款，规定所有的受押人每年都必须按土地地租下降的比例，从以地产为抵押而出借的本金中勾销一部分，或者通过任何其他可以起到同样作用的办法进行补偿。这不会给受押人造成什么损失，因为本金中留下的剩余及其利息的购买力，和没有发生由完全彻底地贯彻上述建议所引起的变化时原来的本金及其利息相比，不会有丝毫的减少。

碰到类似情况的绝非只有受押人，所有的商人也会处于同样的境地，他们手中的货物的价格，即各种各样的农产品或制造品的

价格，随着市场上的农产品和制造品由于数量增加而持续降价，也会同样迅速地不断地跌落下来。但是，商人也不会因此而受到任何的损失，因为在这种情形下，他们每一次购买的商品的价格和上一次购买时相比，随着手头已经拥有的商品的价格的降低，也会降低同样的幅度；而余下的钱的购买力，对于他们所需要购买的物品来说，与在没有因贯彻上述建议而发生变化时原来的整笔钱相比无论如何也是完全相当的。

至于外国的商品，因其价格依赖于将它们输送出来的市场，就几乎不受上述建议的影响；而账面负债和票据之类的信用原是属于短期性质的，我想也不应该对它们作出什么变动。但是，如果实践了上述建议，许多租借土地的人将会碰到一个难处，除非同样制定一项条款，准许这些佃农将租借的土地还给地主；但是，必须只有租借土地的人才有权作出这种抉择，如果他们认为继续保有租借土地是合适的，原契约就必须恪守，犹如未曾因贯彻上述建议而发生过任何变化似的。

如果另外制定一项法令，规定任何人凡是愿意围圈和开垦数量适当的荒地——即适宜于一个人所承担的数量，而不管荒地或未围圈的土地位于何处[①]，他都有权动手开荒，只要事先给荒地的主人发一封书面通知就行了；而如果荒地是属于教区的，那就事先通知一下教区委员会，至于应该缴纳多少地租，给土地所有者或教

① 约翰·劳伦斯博士在他的《农业的新体系》一书第5页上说道，我们英国人民在圈地方面进展如此缓慢，我不得不表示钦佩，而圈地对于我们的价值要超过西班牙国王心目中的印度群岛矿山。

区委员会[①]，必须得到分别由土地所有者或教区委员会和圈地者挑选的两个中立者的一致同意：若有争议，就不得不由第三者来裁决在任何一段时间里的地租数量，那么，这项法令还应该指出，仲裁者必须时时刻刻首先考虑到围圈和开垦荒地者的利益，因为土地是否得到了最大限度的开垦便决定了一国的财富、实力和声誉，其他的一切都只是派生出来的产物：我说，如果再加上了这一项法令，那么，只要我们还剩有荒地，即未开垦的土地，整个局面就会自行运转，我所提出的诸项裨益就会自然而然地出现。当我们不再剩有荒地时，人民就只得迁徙到他们能够获得足够的土地来赡养自己的异国他乡去：否则，由于人口超过了我们拥有的土地所能够维持其享受幸福生活的限度，我们的国家便一定会变得国势衰弱，国情悽惨。

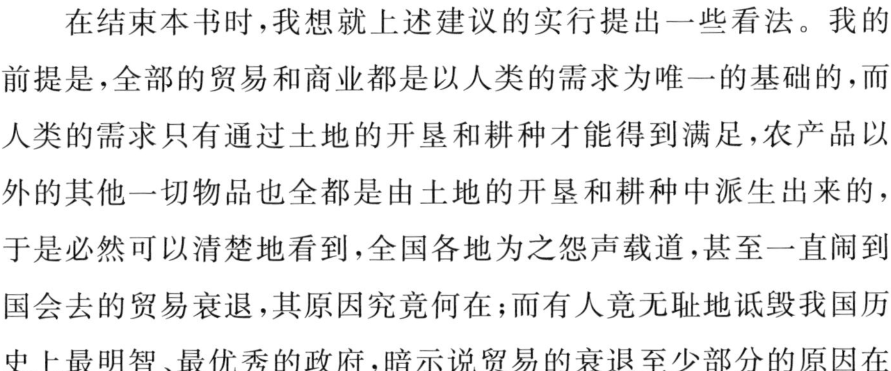

在结束本书时，我想就上述建议的实行提出一些看法。我的前提是，全部的贸易和商业都是以人类的需求为唯一的基础的，而人类的需求只有通过土地的开垦和耕种才能得到满足，农产品以外的其他一切物品也全都是由土地的开垦和耕种中派生出来的，于是必然可以清楚地看到，全国各地为之怨声载道，甚至一直闹到国会去的贸易衰退，其原因究竟何在；而有人竟无耻地诋毁我国历史上最明智、最优秀的政府，暗示说贸易的衰退至少部分的原因在

① 缴纳给教区或教区委员会的地租，每年应该分配一部分给对不断被围圈和开垦的土地具有使用权的人们，而且分配的份额应和他们各自的土地使用权相称，除非国会认为拿这些地租去赈济本教区或其他教区的急需援助和救济的穷人更为有利、有益，或者国会把这些地租用于更合适的用途；或者除非具有土地使用权的人们是在自己的权利范围内围圈和开垦土地。

于它的失策，实际上他们根本不曾正确地认识到贸易的本质及其基础。

因为我希望我已经证明了，每年新增加的耕地至少应该和人类的自然增长比率保持一致，否则，贸易的衰退便不可避免地必然会自发地产生；同样，不可否认，贸易的衰退也是一国现金减少的必然结果，因为随着人民中流通的现金的减少，如果不实行我所阐明的方法，以便按同样的比例降低一般物品的价格，那么，各种物品的消费量一定会按此比例缩减。

因为如果所有物品的价格保持不变，消费者的数目又不减少，那么，由于拥有的货币减少，他们也就不得不少购买这么一批因缺乏货币而无力购买的物品；人民中的商业活动便会因为现金的减少而无法进行，于是，穷人的数目为之而增加，穷人的生活为之而恶化，并且增加的幅度和恶化的程度完全以无法进行的那部分商业活动的规模为转移。

如果人口增加，其拥有的现金却不按同样的比例增加，产生的结果完全相同。

我想由此还可以看出，不是侈奢引起贸易的衰退；恰巧相反，正是剥夺了许多人按其需求和自然权利理应拥有的财富的贸易衰退，才赋予极少数的人以大量的财富，不仅促使他们去挥霍，维持着他们的浪费，而且还诱惑和吸引其中的不少人穷奢极欲，达到自己无力承担的地步。因此，将贸易的衰退归咎于奢侈其实是倒果为因，必定是一种荒诞不经的谬误之见。

再者，我相信纸币财产在促成贸易衰退中所起的作用，与全部其他因素的作用的总和相当，因为纸币财产按其超过在我们中间流通的真正货币的比例，将我们的各种物品的价格提到高出我们的真正货币所能维持的水准；任何不是现金而又能起现金作用的物品，都会导致这种不可避免的自然的结果。

但是，言归正传，鄙人现提出如下建议：如果可能的话，几年里连续围圈和开垦10万英亩土地，并且最好尽量就在伦敦的附近围圈和开垦这些土地，因为我相信和别的地方相比，从伦敦更容易吸引劳动者来开垦土地，同时，我认为还因为伦敦和西敏寺两个城市的居民能更快地感受到各种食品价格低廉的效应，此种效应不久便会使他们能占用更多的住房，并且将其他地方的居民也吸引过来，从而使每一幢空房子都有人居住：因为贸易在哪里进行，人口就往那里流动。

此外，我也愿意诚惶诚恐地乞求仁慈善良的陛下大人明察，是否能身先士卒，发起善举，将皇家的土地分赠恩赐，免征地租，或者只征收若干年限的地租，以拯救贫穷的手工业者和制造业者，对他们圣上早就垂怜痛心，深表恻隐了[①]。

倘若陛下圣心愉悦，在全国许多地区连续几年以同样优惠的条件将更多的皇地供人耕种，必定会有不少人愿意接受并开垦这些土地。经过一段时期，占有土地的所有主便应该缴付地租了，如果只要能缴纳微薄的地租，就让他们在下一个期限里继续使用土地，以资鼓励。在这种鼓励之下，每一个克勤克俭的所有主都会彻底地改良自己的土地，使其成为手中的一项财富，而陛下用不了几

① 目睹贫穷的手工业者和制造业者的千辛万苦，朕深表同情。参见陛下1729年1月13日宽厚仁慈的讲话。

年也可以从地租中获得一笔可观的财产；于是，许多人的除此之外无法补救的凄凉灾难的处境，将得到彻底的改善和好转，他们的眼泪可以拭干，破伤的心能够得到弥合，铁窗、绞架和流放之苦可以避免；此外，还能防止不少人流落异国他乡，而目前他们正在纷纷离乡背井，去寻找他们在故国无法挣到的面包，以便过上舒适的生活。

当仁慈的圣上仿效天父，泽披天下时，他就成了人民心目中的神祇，成了天父在人间的至高无上的代表。

我必须坦率地承认，关于目前尚未开垦的皇室土地的数量，我一无所知，但是，我毫不怀疑，对于贯彻这一有益的，而且我相信是绝对必需的建议来说，未开垦的皇室土地是完全足够的。而这项建议一旦得到彻底的实施，人们将会发现，我们中间每个阶层，每个等级所获得的裨益，都是无法计数的。

我还要指出，倘若果真像我在本书中所假设的，我国还有 3 万平方英里的土地尚未开垦，那么，这些土地也许足够用上一个多世纪；因此，除了在篱笆中和堤岸上种植树木外，还有充裕的土地可以用来植树造林。而增加木材对发展我国的海上贸易、增强我国的海军实力，和我所极力主张的土地的开垦、耕种对于人民的生存与幸福，意义同样重大；此外，丰富的木材不仅可以用来建造房屋，炼铁和揉皮，而且如果上述的建议得到实施的话，还可以在许多其他不可缺少木材的场合得到使用。

也许有人会担忧，每年增加大量土地，会使土地地租的下降幅度过大。为了答复这种担忧，我只想指出，当生活必需品的价格急剧下降，我国的劳动就能像邻国一样廉价，劳动者的工资就可以购买足够的物品，以维持前面曾估算过其费用的、处于劳动者阶层的家庭生活；而劳动者又谁也不缺少就业——这一点我想我已经通过阐述人民的各种需求之强烈程度加以证明了；于是，土地所能产生的地租便是合适恰当的年租，同时，人们将会发现也是最符合各阶层、各等级的人们的理想的地租。

但是，如果硬是不准给事物创造这样一种良好的基础，那么，我就会认为，人民倘若处于自然状态，人人先来平等，个个有天赋的权利任意使用无人占有的土地，而不管其面积大小，只要他自己觉得合适，也不管如何使用，只要他自己感到满意，他们倒会幸福得多：因为在这种情形下，谁占有了土地，只要他继续占有和使用这些土地，谁就成了合法的所有者和业主。诚然，在我看来，如果文官政府很富裕，足以使人民舒适地生活的话，那么，自然状态的确是无法与之媲美的。但是，若大多数人由于受其他人的压迫而陷入悲惨境地——现在他们无疑正是如此，因为劳动者的工资和他必须赡养他生来就有责任赡养的家庭所必需的生活品的价格相距甚远：我说，人类的这种不幸状态在我看来反而远远不如自然状态。

因为人们结成社会，组建政府，原是为了超过自然状态，过上更幸福的生活，而当他们为此目的而放弃了自己对土地的自然权利——根据这一权利，人人天生平等，人人有不可褫夺的权利去获取和占有任何无人占据的土地——就完全应当不断地增加和开垦土地，从而大幅度地增加各种物品，大幅度地降低物价，使劳动者的工资和生活必需品的价格趋于吻合，于是，劳动者人人都能供养自己生来有供养责任，因此理应供养的家庭，让它过上惬意的生

活，除非某个劳动者因孱弱或疾病无法为抚养家庭而劳动，这时，赡养他及其家庭便成了公众的一项正当的义务，只要这一家子人真正需要公众的救济。

我还要指出，如果不断地增加、全面地改良大量的土地，使两极（即劳动者的工资和维持家庭所必需的生活品的价格）保持一致，贸易便绝不需要政府的任何其他关心和管理，只要听任臣民根据自己的能力去经营，而不管他们采用什么方式、方法[①]。因为如果贸易收益甚丰，人民手中的现金的增加比例就会超过人口的增加，物品的价格自然会按比例上涨。而如果现金减少（顺便提一下，我认为这是不可能的），由于外国商品的进口远远超过我国商品的出口，国内的贸易业务必然会收缩，大多数人只得转而从事农业；而雇佣人民务农会降低物价，使物价和他们中间的现金（即物品的恰当的价值）趋于一致，由于农产品和其他物品的价格急剧下降，他们不久便能增加自己的出口商品，减少国外的进口商品，从而振兴他们的海上对外贸易。

由此可见，完全由货币决定的贸易的涨落，换句话说，即是由一个国家的各种商品的价格和任何其他国家的同样的商品的价格之比所决定的贸易的涨落，不可避免地会提供出为人类的社会状态所能提供的一切就业和幸福。于是，政府便与人类结合成群，组织政府、创立社会，以使明智地竭诚追求的幸福目标趋于一致。人

① 这是关于贸易的唯一准则，任何一国政府都应加以注意，而只要得到足够的重视，这条准则总是能够使一个国家的强盛和该国人民的幸福，达到事物的本性所能允许的程度，因此，其优越性是为促进贸易而设置的种种奖励和限制所望尘莫及的，这些奖励和限制总是以危害贸易而告结束的。

类的这一追求幸福的向往绝不可能失败，除非世界结构本身存在缺陷，无法实现这个理想。我想，对神灵之尽善尽美持有公正情感的人绝不会作出如此的假设的。

啊，幸福的时光！何日降临，那时，世上的王公贵族将允许人类自然地从事自己的工作，以追求幸福，而他们一旦能够自己养活自己，就可以消除世上的种种不幸，同时，知识、德性和节俭的风气的传播也就远远地超过今天！因为无知与罪恶和贫穷与匮乏几乎是形影不可分离的。穷人的贫穷便是其自身的毁灭。

图书在版编目(CIP)数据

货币万能/(英)雅各布·范德林特著;王兆基译.—北京:商务印书馆,2017
(汉译世界学术名著丛书:120年纪念版:珍藏本)
ISBN 978-7-100-14052-2

Ⅰ.①货… Ⅱ.①雅… ②王… Ⅲ.①货币理论 Ⅳ.①F820

中国版本图书馆CIP数据核字(2017)第132365号

汉译世界学术名著丛书
(120年纪念版·珍藏本)
货币万能
〔英〕雅各布·范德林特 著
王兆基 译

商务印书馆出版
(北京王府井大街36号 邮政编码100710)
商务印书馆发行
南京爱德印刷有限公司印刷
ISBN 978-7-100-14052-2

2017年12月第1版 开本710×1000 1/16
2017年12月第1次印刷 印张9
定价:58.00元